ポイント
マーケティング情報論

城 田 吉 孝 著

中部日本教育文化会

序　文

　東京福祉大学教授の城田吉孝先生がマーケティング情報のテキストを刊行されることになられた。城田先生は，これまでにも精力的に教科書となる書籍を幾冊も著されているが，本書は城田先生の教育・研究における集大成的な労作とお見受けいたしている。

　本書で展開されている各章のマーケティング・コンテンツは，源流の確認を緻密に行い，「マーケティングとは何か」という基本的な問いに対する答えを城田先生が試行錯誤の結果として案出された成果であると思われる。その中でも，マーケティング情報に関わる部分に多くの紙面を割いた第3部は，読者がマーケティングで必要とされる情報を直接・間接的に入手するための基本的な理念と手法が丁寧に論述されている。この部分から，私は城田先生が長きにわたる大学教員としてのキャリアのなかで，学生などの初学者にとって最も必要とされるべき部分を強調されて構成をなされたという印象を抱いた。

　本書を通して多くの方が，マーケティングの基本的知識と，マーケティング情報に関わる手法・分析視角を身に着けていただけることを期待したい。

　最後に，これまでの城田先生の教育・研究に対するご功績に敬意を表すとともに，今後のご活躍を切に祈念して本書の序文とさせていただきたい。

　2015年10月吉日

立教大学　経営学部　教授　有馬賢治

はじめに

　マーケティングという用語が，わが国に紹介されたのは1916年に神戸高商の内池廉吉が2度目のアメリカ留学から帰ってこられてからといわれている（福田敬太郎『商学原理』千倉書房，1971年 p.367）。当時は「配給」「市場論」を意味していた。現在のような意味で用いられだしたのは，1955年の秋，日本生産性本部からアメリカに派遣された最高経営管理視察団の石坂泰三団長（当時，東芝社長）が視察を終わっての羽田空港での記者会見において「顧客を何よりも大事に考える米国の経営を見ると，日本ではマーケティングが少し遅れているように思われる」という印象が語られ，『日本経済新聞』に「学ぶべき市場対策」という見出しで報道された。わが国の産業界において，マーケティングの必要性が感じられていたため，急速に普及した（久保村隆祐　出牛正芳　吉村寿『マーケティング読本』東洋経済新報社 1992年 pp.29-30，経営学検定試験協議会監修『経営学検定試験公式テキスト6 マーケティング』中央経済 2006年 pp.5-7 に「マーケティング専門視察団報告書」が記されている）。爾来，経済社会や企業を取り巻く環境の変化に対応するため企業の中心的課題は市場調査，商品開発の時代を経て，マーケティングの関する研究方法も伝統的アプローチ，マネジリアル・アプローチ，インターディスプリナリー・アプローチ，非営利アプローチなどの研究方法が用いられることとなった。

　また，マーケティングを取り巻く環境の変化から，サービスマーケティング，グローバル・マーケティング，リレーションシップマーケティング，コーズリレーテッドマーケティングが課題となっている（宮澤永光　城田吉孝　江尻行男編『現代マーケティング　その基礎と展開』ナカニシヤ出版に依拠している）。

　本書『ポイントマーケティング情報論』は，マーケティングやマーケティングリサーチを大学で初めて学ぶ学生やビジネスマンに対応するためのテキストである。マーケティングは顧客満足を創造することによって，企業はその見返りとして商品を買ってもらい，組織の目的を達成するビジネス活動である。企業は顧客のニーズを知るために市場環境に対応しなければなりません。そのために企業は常に市場に関する調査・マーケティングリサーチを怠ることはできません。そこで本書では企業と顧客・消費者とのコミュニケーションが重要であるとの認識から『マーケティング情報』とした。

本書は3部からなっている。

　第1部はマーケティングの概念と戦略について述べた。第1章マーケティングの概念と役割，第2章マーケティング戦略の展開について論述した。

　第2部ではマーケティングミックスのポイントについて整理した。第3章製品情報，第4章ブランド情報，第5章価格情報，第6章チャネル情報，第7章プロモーション情報。

　第3部ではマーケティングリサーチについて要約した。第8章マーケティング情報，第9章マーケティングリサーチの意義と役割，第10章マーケティングリサーチの範囲と手順，第11章マーケティングリサーチの方法，第12章調査票の設計，第13章標本調査，第14章データ分析と調査結果の報告，第15章マーケティングリサーチの課題である。

　なお，全体を見渡すと随所にもっと説明を加えたりするところが散見されるが，今後の改定を重ねることで精緻化することでお許し願いたいと存じます。

　最後に，本書が上梓できたのは縁あって東京福祉大学社会福祉学部で教鞭をとる機会に恵まれたことによる。学ぶ学生の皆さんにわかりやすく学んでもらうために本書を出版した。本書の出版にあたり今までマーケティング研究（商業学・商業政策・流通論）についてご指導を頂いた先生に謝意を表したい。愛知学院大学大学院で商業学演習：上林正矩教授，日本商業学会では出牛正芳教授（専修大学），宮澤永光教授（早稲田大学），田中由多加教授，（早稲田大学）加藤勇夫教授（愛知学院大学），尾碕眞（愛知学院大学教授）日本広告学会では大脇錠一教授（愛知学院大学），日本企業経営学会では西田安慶教授（東海学園大学），日本マネジメント学会では堀田友三郎教授（東海学園大学）には論文や学会発表で適切なアドバイスを頂いた深甚の感謝を捧げます。

　終わりに，私事であるが古希近くなり上梓ができることに感謝したい。出版にあたりご尽力いただいた株式会社中部日本教育文化会小林正典氏のご厚意に御礼申し上げる。

　　　平成27（2015）年8月25日

　　　　　　　　　　　　　　　　　　　　　　　　　　　　　城田吉孝

目　次

　　序文　　　i
　　はじめに　　　iii

第1部　マーケティングの概念と戦略

第1章　マーケティングの概念と役割 …………………………… 2
　　第1節　マーケティングの概念　2
　　第2節　企業経営におけるマーケティングの役割　5
　　第3節　マーケティング・コンセプト　7
　　第4節　マーケティングの目標　9
　　第5節　マーケティング重視の背景と適用の拡大　10

第2章　マーケティング戦略 ………………………………………… 13
　　第1節　マネジリアル・マーケティングの成立経過と展開　13
　　第2節　マーケティング環境分析　19
　　第3節　標的市場と市場細分化　22
　　第4節　マーケティング・ミックス　26
　　第5節　競争対応　28

第2部　マーケティングミックス

第3章　製品情報 ……………………………………………………… 38
　　第1節　製品の意義と分類　38
　　第2節　新製品開発と製品ライフサイクル　39
　　第3節　サービス商品とマーケティング　39

第4章　ブランド情報 ………………………………………………… 42
　　第1節　ブランドの定義的解釈と定義・役割　42
　　第2節　ブランド商標及び製品開発とブランド構築の関係　44
　　第3節　ブランド　46
　　第4節　ブランド・エクイティの概要　53
　　第5節　ブランド階層とブランド戦略　60

第5章　価格情報 …… 70
　第1節　価格の概念　70
　第2節　価格決定の手順　71
　第3節　価格決定の基本的な方法　72
　第4節　価格政策　77

第6章　チャネル情報 …… 85
　第1節　チャネルの意義と役割　85
　第2節　流通業の存在意義　87
　第3節　チャネル政策と系列化　87

第7章　プロモーション情報 …… 92
　第1節　プロモーションの概念　92
　第2節　広告・宣伝・パブリシティ・広報（PR）の意義　93
　第3節　広告の機能と種類　99
　第4節　広告媒体の特徴　101

第3部　マーケティングリサーチ

第8章　マーケティング情報 …… 106
　第1節　マーケティング情報の意義　106
　第2節　マーケティング情報システムとマーケティングリサーチ　111
　第3節　マーケティングリサーチの研究系譜　113

第9章　マーケティングリサーチの意義と役割 …… 124
　第1節　マーケティングリサーチの意義　124
　第2節　マーケティングリサーチの役割　125

第10章　マーケティングリサーチの範囲と手順 …… 127
　第1節　マーケティングリサーチの範囲　127
　第2節　マーケティングリサーチの手順　131

第11章　マーケティングリサーチの方法 ……………………… 136
第1節　マーケティングリサーチ方法の判断基準と測定　136
第2節　各種の調査法　136

第12章　調査票の設計 ……………………………………………… 146
第1節　調査票の基本構成と質問文の作成　146
第2節　回答形式　148

第13章　標本調査 ………………………………………………………… 154
第1節　有意抽出法　154
第2節　無作為抽出法　155
第3節　標本数の決め方　156

第14章　データ分析と調査結果の報告 ……………………… 159
第1節　データ分析　159
第2節　調査結果の報告　160

第15章　マーケティングリサーチの課題 ……………………… 162
第1節　データ収集の課題　162
第2節　マーケティングリサーチの活用と事例　163

補論1　コーズリレイテッドマーケティング ……………………… 165

補論2　事例フォードとGM ……………………………………… 171

事例　175
索引　181
付記　184
あとがき　186

第1部
マーケティングの概念と戦略

第1章　マーケティングの概念と役割

第2章　マーケティング戦略

第1章　マーケティングの概念と役割

第1節　マーケティングの概念

1．マーケティングの定義

マーケティングの定義は時代の推移とともに変化している。ここでは公式定義ともいえるアメリカ・マーケティング協会の変遷をみてみる[1]。

(1) 1935年の定義（National Association of Marketing Teachers）

マーケティングは商品やサービスの生産から消費までの流通に携わるビジネス諸活動を含む（Marketing includes those business activities involved in the flow of goods and servicies from production to consumption）

この定義づけは，1910年代に統合されたマーケティングの伝統的な研究方法（商品別アプローチ，機関的アプローチ，機能的アプローチ）を踏まえたものであり，1929年に始まった世界大恐慌に対しての行政当局による復興政策を踏まえたものである。

(2) 1948年の定義（American Marketing Association）

マーケティングとは，商品やサービスの生産者から消費者またはユーザーまでの流れを指揮するビジネス諸活動の遂行である。

（Marketing-The performance of business activities that direct the flow of goods and services from producer to consumer or user.）

この定義は全国マーケティング教師協会（NAMT）とアメリカ・マーケティング実務家協会（AMS）が合併して，1937年にアメリカ・マーケティング協会（AMA, American Marketing Association）が結成された。

この定義は社会経済的視点から個別経済的視点に変わったことが特徴としてあげられる。

(3) 1985年の定義（American Marketing Association）

マーケティングは，個人と組織の目的を充足させる交換を創出するために，アイデア，商品，サービスの考案，価格，促進，流通を計画し，実行する過程である。

（Marketing is the process of planning and executing the conception, pricing, promotion, and distribution of ideas, goods, and services to create exchanges that satisfy individual and organization objectives）

　この定義を1948年の定義と比較すると，その特徴がはっきりする。①「個人と組織の目的を充足させる交換を創出するために」としマーケティングの目的を明確に示している。個人とは消費者ないし生活者を指すとみられ，消費者志向ないし社会志向のマーケティングが伺われる。ビジネスを用いず，組織としたのは，営利組織ばかりでなく，非営利組織をマーケティングの主体に含めているからである。②マーケティングの客体を「アイデア，商品，サービス」とし，商品とサービスの他にアイデアを加えた。③「考案，価格，促進，流通を計画し，実行する」とマーケティングの計画し，実行すべき諸活動を具体的に示している。

　このような考え方は，AMA会長のS.W.ブラウン（Stephen W. Brown）が述べているように，「マーケティングは，営利事業に係わる諸活動に限定されるものではない。マーケティングは，非営利事業の諸活動にも係わりうるものであり，製品のみならず，アイデアやサービスのマーケティングにも係わるものである」というマーケティング概念の拡大化傾向を示すものである[2]。

(4) 現在までに多くの研究者に支持されてきた定義としてアメリカ・マーケティング協会（American Marketing Association）による定義をあげることができる。この協会が発表した定義は，改訂が行われ2007年に発表されたものが現在まで採用されている。定義の原文は下記のようになる（西田，城田『マーケティング戦略論』学文社　2011年　p.3）。

Marketing is the activity, set of institutions, and processes for creating, communicating, delivering, and exchanging offerings that have value for customers, clients, partners, and society at large.

（マーケティングとは，顧客，依頼人，パートナー，社会全体に対して価値を有する提供物を創造・コミュニケーション・流通・交換するための活動，一連の制度，過程である）

2．マーケティングの2つの側面

　マーケティングは，市場ならびに企業の対市場活動を対象として研究する学問である。マーケティングの領域は，生産者（M-manufacturer）から卸売業者（W-wholesaler），小売業者（R-retailer）を通って最終の消費者（C-consumer）への，商品とこれに伴うサービスが流れていく過程である。この商品・サービスの流れを，全体経済的に把握して，「流れ」として研究していくのがマクロ・マーケティング（macro-marketing）であり，流通論と呼ばれるものである[3]。

　もう1つの1側面は，個別企業経営の立場からの考案であり，ミクロ・マーケティング（Micro-Marketing）と称されるものである。

（1）マクロ・マーケティングの定義

① コトラー（Philip Kotler），アームストロング（Gary Armstrong）の定義

　マーケティングとは，製品や価値の創造過程と交換過程を通じて，ニーズと欲求を充足することを目ざす個人やグループによる社会的，経営的な諸活動である，としている[4]。

② マッカーシー（E.Jerome McCarthy）の定義

　「マクロ・マーケティングとは，需要・供給が適合し，社会目的が達成される方法で，生産者から消費者への商品・サービスの経済的流れに向けられる1つの社会的プロセスである」と述べている[5]。

③ ダディ，レブザン（E.A.Duddy, D.A.Revzan）の定義

　マーケティングとは，財およびサービスが交換され，その価値が，貨幣価格で決定される経済的過程である[6]。

④ 三上富三郎博士の定義

　マクロ・レベルのマーケティングは，商品およびサービスの，生産者から消費者への移転にかかわるメカニズムならびに機能を，社会・経済的のみならず，生態的にも把握し，人間福祉への最大の貢献を主軸として，その公正性，正当性および効率性の向上をめざすプロセスである，とされている[7]。

（2）ミクロ・マーケティングの定義

① コトラーの定義

マーケティング・マネジメントとは，組織目的を達成するために，標的市場に対して有利な交換および関係を創設し，維持する目的で設計されたプログラムの分析，計画，実施税制の活動である，としている[8]。

② マッカーシーの定義

ミクロ・マーケティングとは，顧客や依頼者のニーズを予期し，そのニーズを満足させる商品やサービスを，生産者から顧客または依頼者へ流していくことによって，組織の目的を達成しようとする活動の遂行である，としている[9]。

③ スタントの定義

マーケティングとは，現在および潜在顧客に対して，その欲望を満足させるような製品およびサービスを計画し，価格をつけ，販売促進をなし，そして流通させるために計画された相互作用的ビジネス諸活動の全体システムである[10]，としている。

④ 三上富三郎博士の定義

ミクロ・レベルのマーケティングは，マーケティング・コンセプトを基盤とし，商品ならびにサービスを生産者から消費者またはユーザーへ移転させることにかかわる，組織体にあらゆる対市場活動のセットである[11]。

第2節　企業経営におけるマーケティングの役割

図1-1は，企業においてマーケティングがどのように位置づけられてきたかをみたものである[12]。

図1-1 企業経営におけるマーケティングの変遷

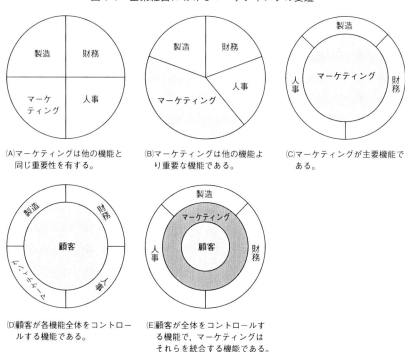

出所：P.コトラー，村田昭治監修，「マーケティング・マネジメント」プレジデント社　1991年　pp.6-7。

A図　マーケティングは他の諸機能と同じ機能をもつ。
B図　需要の減退とともに，マーケティング関係者が，マーケティングは他の機能より重要性があると議論し始める。
C図　さらに熱心な一部の者が，顧客なしに企業は存在しないのだから，マーケティングが主要機能でその他の機能はそれを支援するものであると主張する。
D図　しかし，それは他部門の反発を招き，心あるマーケティング関係者はマーケティングの代わりに顧客をすえ，「顧客第一」を標榜する。
E図　最終的にマーケティング関係者は，顧客のニーズが社内に正しく解釈，伝達され，有効に充足されるためには，やはりマーケティングに中心的な役割を与えることが必要だと考える。

このE図の考え方は，次の論旨による。
(1)企業にとって，顧客は不可欠の存在である。(2)その顧客を企業は創造し，維持する必要がある。(3)顧客は企業が抱かせる期待により引き寄せられ，その期待によりつなぎ止められる。(4)マーケティングには，この期待を明確化し，その充足を保証するという役割がある。(5)その充足は，社内の他部門の協力によってもたらされるものであるから，(6)マーケティング部門は，他部門に適切な影響力ないしはコントロールを及ぼす必要がある。

現代企業の発展は顧客の創造，維持にかかっており，そのためには顧客の期待を明らかにし，それを満足させることが必要である。それゆえにマーケティングは他の機能に対して優位な立場にあり，それをコントロールすることができるのである。

第3節　マーケティング・コンセプト

企業が自社の製品を標的顧客に市場で有利に販売するためには，企業目標を明確にし市場創造活動を方向づける経営行動の指針や哲学が必要である。この哲学をマーケティング・コンセプトとよんでいる。ここではPillsbury社のケースとコトラーのマーケティング・コンセプトの変遷を解説することにする。

消費者志向の会社である製造会社Pillsbury（ピルスベリ社）のマーケティングの沿革は第Ⅰ期生産志向，第Ⅱ期販売志向，第Ⅲ期マーケティング志向，第Ⅳ期マーケティング・コントロールの4つの期間に分け，各段階の特質は次のようになっている[13]。

時代	特質と目標
Ⅰ．1869－1930年 （生産志向）	（工場）小麦粉の専門の製造業者は高品質の小麦粉を生産し，副産物を販売することに関心があった。
Ⅱ．1930－1950年 （販売志向）	（販売人事）消費者製品の製造業者は一流の販売力を認定することに関心があった。
Ⅲ．1950－1960年代 （マーケティング志向）	（マーケティング部門）消費者商品の製造業者は最善の新製品を選択し販売を最大限にすることが含まれていた。マーケティング部門が設立された。

Ⅳ. 1960－現代　統合されたマーケティングの会社はマーケティング・コン
(マーケティング・コントロール)　セプトに従う。そして，長期の計画に関心があった。マー
　　　　　　　　　ケティングは消費者調査から広告，販売にわたるいろいろ
　　　　　　　　　な領域を指導している。

コトラーのマーケティング・マネジメントの考え方は次の通りである[14]。

1）生産志向コンセプト，

　消費者は提供された製品を歓迎して受け入れるのだから，生産の向上や流通の効率化が主要課題であるとする。

2）製品志向コンセプト

　消費者は価格に比して一番品質のよい製品を好むのだから，企業は製品の品質向上に全力を注ぐべきである。

3）販売志向コンセプト

　企業が製品への興味を刺激する相当な努力をしなければ，消費者はその製品を買わないか，買っても十分な量ではないとする。

4）マーケティング志向コンセプト

　標的市場にはどんなニーズや欲求があるのかを明らかにし，それによって望まれている満足を競争相手より効果的・効率的に供給することが組織目標を達成する鍵となる。このコンセプトは，「製品を作って売れ」ではなく，「需要を発見して，それを満たせ」という考え方。図1-2は販売志向概念とマーケティング志向概念を比較したものである。

　販売志向概念は，企業の有する現存製品をもって始まり，利益を生む売上高を達成するために販売やプロモーションを要求する。マーケティング志向概念は，企業の標的顧客とそのニーズや欲求をもって始まる。企業は顧客の満足に影響を及ぼすすべての活動を統合し，調整し，顧客の満足を創り出し，維持することを通じて，その利益を達成する[15]。

5）社会志向コンセプト

　消費者や社会の福祉を保持し，向上させるという考え方である。

この新しいコンセプトは，消費者のニーズとウォンツ，消費者の利益，企業の利益，社会の利益を考慮して意思決定を行うことになった。

図1-2 販売志向概念とマーケティング志向概念の対比

焦点	手段	目的
製 品	販売およびプロモーション	売上量に基づく利益

販売志向概念

焦点	手段	目的
顧客のニーズ	総合的マーケティング	顧客の満足に基づく利益

マーケティング志向概念

出所：P.コトラー，宮澤永光，十合晄，浦郷義郎訳，「マーケティング・エッセンシャルズ」東海大学出版社 1990年 p.17。

第4節 マーケティングの目標

コトラーはマーケティングの最終的な目的として次の3つをあげている[16]。

(1) マーケティングは自社製品の消費を最大にするのが目標である。
(2) マーケティングは顧客の満足を最大化するのが目標である。
(3) マーケティングは生活の質の向上に貢献するのが目標である。

また，イバンス，バーマン（Joel R. Evans, Barry Berman）はマーケティングの目的はトップ・マネジメントによって設定されたものよりももっと顧客志向である。マーケターは顧客がもつ会社や特別の製品のイメージに特に関心がある。販売の目的は新製品の導入を通じてブランドに忠誠と成長にたいする関心を反映している[17]。

沼野敏教授は，マーケティング管理者は状況の分析を終えたならば，マーケティング活動の目標を設定する。マーケティング目標は，組織の使命や統合的な組織目標から派生すると記述を展開してマーケティング目標を表1-1のように時間的，現実的に明示している[18]。

表1-1　A食品会社の目標の階層と戦略例

会社の使命	人類の食欲求に応じる。
会社の目標 （企業ビジョン）	食生活の向上に貢献する。 つねに加工食品の開発に努力する。
マーケティング目標	本年度にA製品の売上高を10パーセント増加させる。 A製品の商標知名率を5パーセント高める。
マーケティング戦略	本年度に新製品を2つ市場に導入する。 A製品の包装を改善する。

このように企業経営の立場からいえば，マーケターは売上高，市場占有拠率，収益の3点をあげることができる。

第5節　マーケティング重視の背景と適用の拡大

現代マーケティング重視背景要因と領域の拡大とマーケティングの適用分野の拡がりをまとめると以下の表1-2・3のようになる。

表1-2　マーケティングの背景と領域

> マーケティング重視の背景要因
> 売上減少・成長鈍化・消費者購買パターンの変化・競争激化・販売経費増加
>
> マーケティング適用領域の拡大
> 非耐久消費財産業→耐久消費財産業→生産財(設備機器)産業
> 　→生産財(原料)産業→サービス産業(銀行，保険，証券，航空など)
> 　　→非営利組織(大学，病院，警察，美術館，楽団など)

表1-3　マーケティングの適用拡大

		事　実	評　価
営利	ミクロ	(1) ●個々の消費者の購買行動 ●企業が製品・価格，販売促進，流通経路をどう決めているかの事例研究	(2) ●次のような事項を企業がどう行うべきかの研究 　価格決定，販売促進決定，製品決定，卸売商・小売商の管理
	マクロ	(3) ●マーケティングへの機能別，機関別，商品別研究 ●マーケティングの法律的側面 ●比較マーケティング	(4) ●流通コストは高すぎるか ●広告は社会的に望ましいか

		(5)	(6)
非営利	ミクロ	●道路・病院など公共財の需要予測 ●公共財マーケティングの事例研究（消防署，公立学校など）	●非営利組織がマーケティング活動をどう行うべきかの研究 ●公共財需要はどのように予測されるか
		(7)	(8)
	マクロ	●議員の選挙キャンペーンのなかで新聞広告がどう影響したか ●自然保護，女性の権利などに関する公共広告の効果事例研究	●議員を一般の製品のように「売る」ことを許すべきか ●公共財に対する需要を刺激して増やすべきか

出所：ハント（阿部周造訳）「マーケティング理論」（千倉書房）
引用：高山守「マーケティングがわかる辞典」明日香出版　1992年　p.19。

注

1）松江宏　日本商業学会中部々会『マーケティング概念の再検討』1990年4月21日。
　　松江宏編『現代マーケティングと消費者行動』創成社　1992年　pp.4-8。
2）木綿良行・懸田豊・三村優美子『テキストブック現代マーケティング論』有斐閣
　　1992年　p.11。
3）三上富三郎編『新現代マーケティング入門』実教出版　1991年　p.9。
4）Philip Kotler, Gary Armstrong, "Marketing An Introduction" 2nd ed., Prentice-Hall 1990, p.5。
5）三上富三郎編『前掲書』pp.9-10。
　　◦ E.Jerome McCarthy, "Basic marketing : A managerial approach", 5th ed., Richard D. Irwin, 1975, p.4。
　　Macro-marketing looks at the economy's entire marketing system to see how it operate and how efficient and fair it is.
　　（マクロ・マーケティングは，経済の全体的なマーケティング・システムをいかに運営し，またそれがいかに能率的であり，正当であるかを確かめるために，これについて考察を行う）
　　監訳粟屋義純『ベーシック・マーケティング』東京教学社　1981年　p.1。
6）E.A.Duddy and D.A.Revzan, Marketing, McGraw-Hill. Book Co., Inc, New York, 1953年, p.6。
　　萩原　稔『基本マーケティング』同友館　1975年　p.11。
7）三上富三郎編『前掲書』p.10。
8）三上富三郎編『前掲書』p.11。

9）三上富三郎編『前掲書』p.11。
　　◦ E.Jerome MaCarthy,
　　Micro-marketing, On the other hand, examines individual firms within the economic system, to see how they operate or how they should fucnetion.
　　ミクロ・マーケティングは，その経済システムの中での個別の企業が，どのように運営し，あるいはどのようにして機能を果たすべきかを理解する　監訳粟屋義純『ベーシック・マーケティング』東京教学社　1981年　p.1。
10）W.J.Stanton, Fundamentals of Marketing, McGraw-Hill Book. Co., Inc, New York, 1964, p.4.
11）三上富三郎編『前掲書』pp.11-12。
12）P. コトラー　村田昭治監修『マーケティング・マネジメント』プレジデント社　1991年　pp.7-8。
　　片山又一郎『マーケティングの基本知識』PHP研究所　1991年　pp.18-20。
13）Joel R.Evans Barry Berman, *Essentials of Marketing*, Macmillan Publishing Company, 1988, p.11。
　　木綿良行・縣田豊・二村優美子『現代マーケティング編』有望閣　1992年　pp.17-20。
14）P. コトラー　村田昭治監修『前掲書』pp.16-19。
　　P. コトラー　村田昭治監修『マーケティング原理』ダイヤモンド社　1983年　pp.30-38。
15）宮滞永光・十合暁，浦郷義郎共訳『マーケティング・エッセンシャルズ』東海大学出版会，1990年　p.17。
16）P. コトラー　村田昭治監修『マーケティング・マネジメント』プレジデント社　1991年　pp.9-10。
17）Joel R.Evans, Barry Berman, Essentials of Marketing, Macmillan Publishing company 1984, p.30.
18）沼野　敏『現代マーケティング管理論』同文館　1990年　pp.11-13。

第2章　マーケティング戦略

第1節　マネジリアル・マーケティングの成立経過と展開

1．マネジリアル・マーケティングの成立経過

(1) **マーケティング・マネジメントの内容**　マーケティングは20世紀初頭にアメリカで生まれたといわれている。マネジリアル・マーケティングとマーケティング・マネジメントはほとんど同時期に研究されている。それは1957年のハワード（J. A. Howard）の名著 *Marketing Management: Analysis and Decision* の公刊，1958年のケリー＆レイザー（E. J. Kelly and W. Lazer）の編集による *Managerial Marketing* の集大成の刊行によってマネジリアル・マーケティングは成立したとされている[1]。しかもこれらの用語は，一般的に同意義として用いられることが多い。しかし，荒川は次のように区別している[2]。「アメリカ合衆国のマーケティング論は，マーケティング・マネジメント論（マーケティング諸手段の統合的管理技法の体系）として，さらには企業の対市場積極的対応行動の統合体系としての，しかも経営者により構築されるべきそれとしてのマネジリアル・マーケティング論として，自ら体系化しようとするにいたる」と明確に述べている。

　マーケティング論の理解のため，マーケティング・マネジメントの内容とマネジリアル・マーケティングの成立とその背景について要約して整理しておく。

　まず，マーケティング・マネジメントの内容とその機能を明らかにする[3]。レイザーによると，**マーケティング・マネジメント**とは「組織目標を達成するために，マーケティング・コンセプトをベースとして市場機会を分析・評価し，そこにおいて選定した標的市場（target market）にたいして望ましい成果をあげるために，マーケティング活動を計画し，組織し，実施し，コントロールすること」であり，それは，「マーケティング目標，ポリシー，プラン，プログラム，標準の設定，マーケティング資源の配分さらにマーケティング諸活動の成果の評価などを内包している」ものである，と述べている。マーケティング・マネジメントの機能については，①市場機会の分析・評価，②マーケティング・プラニングとプログラミング，③マーケティング組織とリーダーシップ，④マー

ケティング監査とコントロールという4つの機能を挙げることができる。

(2) **マネジリアル・マーケティングの成立経過**　マネジリアル・マーケティングの成立経過をまとめると，次のようになる[4]。

第1期の「マーケティング萌芽期」であるが，アメリカでは西部の開拓が進行していたが，1890年頃フロンティアが消滅した。そのため市場が停滞し，過剰生産体制によって，メーカーが市場問題に関心をもち，「独占資本の市場獲得・支配のための技術としてのマーケティング」が誕生した。当時，メーカーは価格政策を展開していたが，価格競争だけではお互いの破滅を生むことに気づき，パッケージング，広告など非価格競争に問題解決策を求めた。

第2期は「高圧的マーケティング」の時代といわれる。1920年代アメリカ経済は不況に陥った。政府による産業合理化政策により，製品を標準化することによる大量生産体制を確立し，"生産した製品をいかに売るか"が中心となった。

第3期は「低圧的マーケティング」の時代である。1930年～1940年代にあたる。1929年10月ニューヨーク市場の株価が一斉に暴落して恐慌が波及した。メーカーは過剰設備をかかえ銀行や企業の倒産があいついだ。企業のマーケティングは，市場調査によって消費者分析を行ない，何をつくるかを決める製品計画（プロダクト・プランニング）を重視するようになった。

第4期はマネジリアル・マーケティングの時代（1950年～1970年代）である。第2次世界大戦後，アメリカ経済は，自由主義圏に限定され市場範囲が縮小化していた。さらに，軍事技術の進歩を基盤とする技術革新によって，メーカーの装置産業化，オートメーション化により，消費財の大量生産システムが整備された。これに伴い，生産・販売活動が活発化し激烈な寡占的競争が展開された。こうした状況に対応するためには，企業はマーケティングと他の諸部門の間を調整し連動することが必要となった。マーケティング諸活動を総合的に管理するトータル・マーケティング管理が要請された。しかもマーケティング活動の主体となるのは，マーケティング・マネジャーだけではなく，トップ・マネジメントの意思決定のレベルとなったことからマネジリアル・マーケティング（経営者視点のマーケティング）の誕生となった。荒川は戦後マネジリアル・マーケティングの登場した経過のなかで，マーケティング・マネジメントの台

頭について，「個々のマーケティング諸活動の技法の精巧化・豊富化とともに，またこれらの個々の諸活動の個別的管理の複雑化とならんで，これら諸活動の総合的・統一的な管理技術の展開自体が日程にのぼってくるのである。いわゆるマーケティング・マネジメント marketing management の登場である」と解説した後，「このようなマーケティング諸活動の総合管理を具体的に登場させる条件を提供したものは，戦後における新しいデータ処理・計算装置の開発と管理技術の展開であった。いまやマーケティングは，マーケティング・マネジメントにとどまらず，全企業活動を計画，組織，発動　統制するための基軸となり，経営者の責任としてのマーケティング，すなわち**マネジリアル・マーケティング** managerial marketing として認識されるにいたり，急速にそのための科学的技法がコンピューター computer との結合のもとで開発されるにいたっているのである」と論述している[5]。したがって，マーケティング・マネジメントとマネジリアル・マーケティングの違いを一言でいえば，マネジリアル・マーケティングは企業活動の計画，実行，統制を経営者の視点からマーケティングを展開するということである。

2．マーケティング戦略の展開

(1) **マーケティング戦略の定義**　マーケティング戦略は1960年代にオクセンフェルト（A. R. Oxenfeldt）によって提唱されたものである。それはマーケティング・マネジメントの基本機能であり，マーケティング・マネジメントを特徴づける支柱となった。村田はマーケティング戦略を次のように定義づけている[6]。**マーケティング戦略**とは「マーケティング目標を達成するために，自社として標的とすべき市場セグメントを明確にし，そこに参入するために，対象となる顧客（グループ）の満足をかちとるために望ましいマーケティングミックスを構築すること」である。あるいは「標的市場の抽出によって，企業が愛顧を求めようとする顧客層を出発点とし，次に製品—市場を計画のベースにのせて，シナジー効果の極大化を意識的に追求するような形で『マーケティングミックスの構成』を選択すること」としている。すなわち，マーケティング戦略は，①標的市場の選定，②マーケティング・ミックスの構築，という2つの基本要素を内包している。

和田によると,**マーケティング戦略**は,「市場需要の創造・開拓・拡大を目的としてターゲットを設定し,それに対応したマーケティング・ミックス要素を計画することによって構造化される」としている[7]。加藤は,マーケティング戦略は,一般に4段階を経て行なわれるとした。すなわち,①外部的な,マクロ・マーケティング環境諸要素の明確な把握,②企業が訴求しようとする標的市場,つまり,特定顧客層の決定,③標的層に関するマーケティング情報の収集と分析,④企業がその標的層を満足させるためのマーケティング諸活動の最適な組み合わせ,つまりマーケティング・ミックスの開発である[8]。

以上,著名なマーケティング研究者の定義を紹介したが,ここでは,定義の比較検討が目的ではないので,叙述にとどめる。

(2) **マーケティング戦略の拡張**　マーケティング戦略の拡張を歴史的な視点から,まとめると次のようになる[9]。第1は,マーケティング・ミックスを構成する個別活動ごとの「マーケティング機能要素戦略」,第2は,これらの個別活動を統合管理していく「マーケティング・マネジメント戦略」,第3は,第2のマーケティング活動を他の経営機能ないし経営資源と連動させながら市場環境に向けて組織的方向づけをはかっていく「戦略的マーケティング」である。

マーケティング・マネジメント戦略体系を示したのが図2-1である。図2-1をみると,①市場目標の設定,②市場ターゲットの明確化,③マーケティング・ミックス政策が主な領域となっている。市場目標,市場ターゲットの明確化,事業・製品の適合化とポジショニング,マーケティング・ミックス政策が全体的システムとして構成されている。マーケティングの課題と方向性を研究するため市場調査と分析がなされる。コトラー(P. Kotler)は,マーケティングとは,単に販売や広告活動を行なうことではなく,むしろ会社全体を最善の市場機会に適合させていくプロセスの全体をいうとして,マーケティング・マネジメントプロセスを①市場機会の分析,②標的市場の選定,③マーケティング・ミックス戦略の策定,④マーケティング活動の管理をしていくプロセスを示している[10]。

本章では,このプロセスにしたがって,主な項目について論述する。

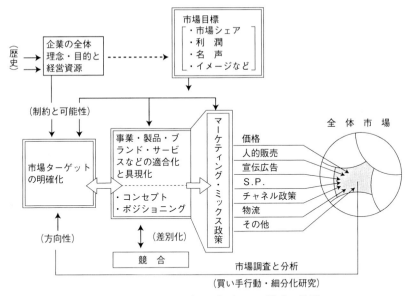

図2-1 マーケティング・マネジメント戦略の体系
出所：嶋口充輝・石井淳蔵『現代マーケティング』有斐閣, 2007年, 37頁。

3．戦略的マーケティングの登場

　マーケティング・マネジメントは, 需要があり成長率が高かった高度経済成長期には十分対応できた。しかし, 高度経済成長から安定成長に移行した1970年代のオイル・ショックを境に経済環境は厳しく, 製品が売れなくなり市場競争は激化するに至った。企業は各事業部やすべての製品市場に対して潤沢に経営資源（人・モノ・カネ）の配分ができなくなった。そこで, 市場環境との適合性を中心に, 経営全体の立場から効率的な資源配分をはかり企業の将来の方向を定めるため**戦略的マーケティング**が登場した[11]。嶋口・石井は**戦略的マーケティング**として「市場問題中心に組織的視点から戦略的方向づけと経営資源配分を計画する試み」と定義している[12]。嶋口はまた, 「戦略的マーケティングとは, 企業による市場環境への組織的な適応の方向と方法を提示する一つの論理的知識体系である」[13], と規定している。現在, 戦略的マーケティングには, 事業の定義・成長戦略の策定, ポートフォリオ計画などがこの領域に含まれるようである[14]。

4．戦略的マーケティングと経営戦略および企業戦略

(1) **戦略的マーケティングと経営戦略**　嶋口は戦略的マーケティング領域と経営戦略との関係を次のように，明確に述べている。**戦略的マーケティング**とは，企業による市場環境への組織的な適応の方向と方法を提示するひとつの論理的知識体系である，ととらえている。そして，戦略的マーケティングの領域を3つに区分している[15]。「**市場対応の科学**」として，①戦略単位としての製品やブランドを中心に・市場の需要調整を統合的に管理する「**マーケティング・マネジメント戦略**」の領域，②その基礎をこのマーケティング・マネジメント領域におきながら，社会的圧力やパブリック・ニーズに対応させ，マーケティング戦略行動を社会価値という視座からとらえなおし，社会への感応性を強調する「**ソーシャル・マーケティング戦略**」の領域，③成熟市場における競争の中で，多様なニーズを反映した複数製品を有する企業が，組織全体の立場から，いかにして統合的な製品・市場の競争適合をはかるかを問題にする「**競争市場戦略**」の領域である。

戦略的マーケティングと経営戦略の役割について，嶋口は次のように解説している[16]。**戦略的マーケティング**は，経営戦略のサブ・システムとして位置づけられながら，経営戦略の方向性づけを形成する。企業の経営諸機能のなかで，市場環境から機会や脅威をみきわめ，企業の方向づけに関係するのは，マーケティングのみである。他の経営諸機能は，このマーケティングによって方向づけられた経営戦略の制約・可能性を作るものである。戦略的マーケティングと経営戦略との違いについて，①戦略的マーケティングでは戦略と環境との適合性が重視される。②戦略的マーケティングでは戦略と組織構造，戦略と管理・評価システムとの適合性についてはあまり明示的に検討されない。③戦略的マーケティングの下位体系にマーケティング・マネジメントの体系が含まれることが指摘できる[17]。

(2) **戦略的マーケティングと企業戦略**　戦略的マーケティングと企業戦略については，尾上の所説を紹介する[18]。

戦略的マーケティングを「市場環境との適合性を中心に，環境と経営資源に適合した企業の将来の方向を定める行動の枠組み」と定義し[19]，戦略的マーケティングを企業戦略とマーケティング戦略に区分し，**戦略的マーケティングの**

プロセスを①企業理念⇒②目標⇒③事業領域の定義⇒④成長戦略⇒⑤ポートフォリオ計画⇒⑥競争戦略⇒⑦市場細分化⇒⑧マーケティング・ミックスという8つのプロセスを設定している[20]。そして，**企業戦略**は戦略的マーケティングプロセスの①～⑤に対応させ，**マーケティング戦略**を⑥～⑧に位置づけている。

以上，述べたように戦略的マーケティングと経営戦略および企業戦略との関係概要を整理することが目的であるから，経営戦略と企業戦略の概念規定や戦略的マーケティングの定義についての比較検討はしていない。

これからの，マーケティング戦略の展開は，市場の変化によりマネジリアル・マーケティングからソーシャル・マーケティング，戦略的マーケティングと拡大している。企業とステークホルダー（stakeholder：企業を取り巻く関係集団，たとえば，顧客，取引先，資本家・投資家・社会・大衆）とのインタラクション（interaction：双方向交互作用）を中心概念とする関係性に注目した関係性マーケティング[21]や環境マーケティング，グローバル・マーケティング，コーズ・リレーテッド・マーケティングに関心が寄せられている。

第2節　マーケティング環境分析

1．ミクロ環境

ミクロ環境は，顧客のニーズを満たすための企業内部における能力に影響を及ぼす要因である。企業がマーケティング計画を策定する場合，マーケティング・マネジメントはトップマネジメント，財務，R&D（research and development），購買，製造，会計といったマーケティング以外の部門も考慮に入れて検討しなければならない。マーケティングは，他の経営機能との相互依存関係をもち，影響をおよぼしたり，影響を受けたりする。したがって，経営機能間に特に優劣，軽重の差はないはずである。しかしながら，企業は，市場のなかに存在し，消費者市民のニーズ，欲求を知り，これに即応する製品を作り，販売し，利潤をあげることが要請されるかぎり，マーケティングが企業経営の中心的地位を占めることになる[22]。**企業のミクロ環境**における主な行為者には，供給業者，仲介業者，顧客，競合他社，publics（利害関係集団）などから成っている[23]。供給業者とは，企業が製品やサービスを生産するために必要

とする資源を提供する業者である。仲介業者とは，最終購買者に商品を流通させたり，プロモーションしたり，販売したりすることを支援する業者である。流通業者，物流業者などが含まれる。消費財市場，生産財市場，再販売市場（流通市場），政府市場（公共機関市場）などの顧客市場，競合他社の戦略にも適応しなければならない。利害関係集団は，たとえば，銀行など財務に関する利害関係集団，新聞などのメディアに関する利害関係集団，などがこれに該当する。

2．マクロ環境

マクロ環境は外部環境ともいわれるが，一般に環境と呼ばれているものである。絶えず変化している環境は，経営にとって直接統制することができないものである。環境の変化は，ミクロ環境全体に影響をおよぼすより大きな社会的要因あるから十分な注意が必要である。人口動態的環境，経済的環境，生態学的環境，技術的環境，政治的環境，文化的環境などによって構成される。以下にその内容を要約する[24]。

①**人口動態的環境**：市場は人によって構成されているから，人口規模，密度，地域，年齢，性別，職業など統計から人口を研究しなければならない。

②**経済的環境**：市場は人口のみならず購買力をも必要とする。総購買力は，現在の所得，価格，貯蓄額，クレジットの利用率に依存している。所得に関する傾向や消費者の支出パターンの変化にも注視しなければならない。

③**生態学的環境**：企業の生産活動によって，資源の枯渇，水資源，大地，大気など公害による環境破壊に対する警告が指摘されている。エネルギー・コストの増大では，非再生資源の石油が将来の経済成長にとって最も深刻な問題を生み出している。公害では，化学廃棄物，土壌や食糧に含まれているDDTなどの化学汚染物，生物分解しない瓶，プラスチックによる環境破壊が問題になっている。

④**技術的環境**：技術環境は急速な技術革新により新製品や市場機会を作り出す新しい技術に影響を与えている。しかし研究開発費の拡大や技術革新に対する規制についてよく注意していなければならない。

⑤**政治的環境**：社会の組織や個人の行動に対して影響と統制を与える法律，

政府機関，圧力団体から成っている。代表的な法律は一般消費者の利益を確保するとともに，国民経済の民主的で健全な発達を促進することを目的とする「私的独占の禁止及び公正取引の確保に関する法律」（独占禁止法）がある。小売業や消費者に関連するものには，大規模小売店舗立地法，消費者基本法などがこれに該当する。

⑥**文化的環境**：社会の基本的な価値観，認知，選好，態度に影響を与える制度や機関から成っている。人々は，学校，企業などの生活状況に基づいて文化をもち価値観が醸成され信念が共有されている。

3．マーケティング環境分析

企業は市場環境において自社の機会と脅威を分析して，経営戦略の策定を行なう。経営戦略を方向づけるのがマーケティングの中心的な役割である。このマーケティング戦略を展開する場合，どの市場セグメントにターゲットを絞るかについて買い手行動，市場調査から情報を収集しなければならない。

以下にマーケティング環境分析，マーケティング・リサーチについて，その概要を説明する[25]。

まず，マーケティング環境分析であるが，企業を取り巻くマクロ環境を背景とした顧客市場や競合他社などの外部環境の変化に対応するために「市場機会」と「脅威」を明らかにして，マーケティング戦略を策定することの必要性を説明する。環境分析の代表例としてはSWOT分析が挙げられる。**SWOT**とは，「強み」（Strengths）「弱み」（Weaknesses）「機会」（Opportunities）脅威（Threat）の頭文字をとったものである。企業を取り巻く内部・外部環境から自社の強み・弱み，機会・脅威を軸に分析する。たとえば，経営資源の面から強みを生かした製品開発，生産力，ロジスティクス力などを検討して勝つ方法はないかを見定め，そのなかから可能性を発見して戦略策定の資料とする。

次に，企業は市場機会を評価するためマーケティング・リサーチにより情報システムを構築する。コトラーによると，**マーケティング・リサーチ**は，消費者の欲求と行動および販売，流通チャネル，製品開発，プロモーションなど市場を評価するマーケティング・ツールである，としている。マーケティング・リサーチとは，企業の商品，サービス，組織，人々，流通チャネルやアイデア

などマーケティングに関係した特別の問題についての情報を組織的に収集・記録・分析することである[26]。マーケティング・リサーチで重要なことは，問題を認識することである。今解決しようとしている課題に対して「何が問題なのか」を考え，必要な情報の内容を明らかにすることである。得られた情報から，経営戦略の方向性をさぐりマーケティング戦略を策定する。

第3節　標的市場と市場細分化

1．標的市場

(1) 市場設定の方法　市場とは，売り手と買い手によって商品やサービスの交換がなされる場所的空間である。売り手である企業は，その市場ですべての買い手に同じ方法でアピールすることは難しい。そこで，企業は自社の製品をどのような市場を対象とするかの戦略を決めなければならない。そのために企業は市場を設定するマーケティング活動を展開する。一般的に，次の3つの方法がある[27]。

①すべての消費者を対象として，大量生産・大量流通・大量プロモーションを一つの製品について行なう**マス・マーケティング**（mass marketing）。

②異なった特性，スタイル，品質，サイズなどを示す複数の製品を販売する製品多様化による**製品多様化マーケティング**（product-variety marketing）。

③売り手が市場セグメントを設定し，各セグメントのニーズに合致したマーケティング・ミックスを開発する**ターゲットマーケティング**（target marketing）。

さらに個々の顧客に個別に対応するテイラード・マーケティングもしくはワンツゥワン・マーケティングに区分できる。したがって，マス・マーケティングとワンツゥワン・マーケティングの中間にあたる細分化された市場を対象にマーケティング活動がなされるのがターゲット・マーケティングである。**ターゲット・マーケティング**とは，企業が市場を構成する買い手である消費者を，何らかの共通点（たとえば，男性，女性の性別による特徴）に着目して，同じようなニーズをもつ市場部分（セグメント）に分割する。すなわち，「マーケティング・ミックスに対して類似の反応を示すような同質的な市場部分に分解

すること」を**セグメンテーション（市場細分化）**という[28]。ここで分解された市場のそれぞれを市場セグメントといい，自社が標的とする市場セグメントをターゲット・セグメントあるいはターゲット市場という。

　(2)　**ターゲット・マーケティングの段階**　　企業はターゲット・マーケティングにより標的市場に対する製品の開発，プロモーションを効果的に展開できる。ターゲットマーケティングは，次の3段階から成っている[29]。

　第1段階のマーケット・セグメンテーションでは，①市場細分化の基準を明確にする，②市場細分化のプロフィールを明確にする。第2段階のマーケット・ターゲティングの段階では，③市場セグメントの魅力度を測定する方法を開発する，④ターゲット・セグメントを選択する。第3段階のマーケット・ポジショニングでは，⑤各標的市場におけるポジショニングを開発する，⑥各標的市場のマーケティング・ミックスを策定する。

　この市場セグメントが効果的であるためには，測定可能性（measurability：セグメントの規模，購買力が測定できること）や到達可能性（accessibility：マーケット・セグメントに効果的に到達し，マーケティング活動が行なえること），そして実質可能性（substantiality：マーケット・セグメントが製品やサービスを提供するのに十分な規模と収益性を有していること），さらに実行可能性（actionability：効果的なプログラムがセグメントを引きつけ，サービスを提供するように設計できること），などの条件を満たすことが大切である[30]。

2．市場細分化の基準

　市場を細分化する唯一の方法はなく，市場構造を検討する有益な方法を見つけようとして，異なったセグメンテーションを単独あるいは組み合わせる。一般的には地理的，人口統計的，心理的，行動面の変数がある。以下にその内容の概要を述べる[31]。

　(1)　**地理的変数**　　地理的変数による細分化では，関東，関西，東日本，西日本，九州，都市，近隣のようなさまざまな地理的単位に市場を区分することができる。地域の区分では食品の場合，東西で味が異なっていることがある。表2-1をみると，日清食品（本社大阪）のカップきつねうどん「どん兵衛」は東海，信越地域以東で出ている商品で，かつお節ベースの濃い口しょうゆ味，

近畿以西は昆布だしベースの薄口しょうゆとなっている。明治製菓のカールをみると関東がチーズ味，関西がうす味，ローソンのおでんだしでも関東は濃い口しょうゆ，関西では薄口しょうゆとなっている。食パンについては，関西人は厚いカットを，関東人は薄いカットを好む傾向にある。東西の中間の名古屋に本社のあるフジパンによると，関東では8枚切りの需要が全体の3割あるのに対し，関西ではゼロというように差は歴然としている[32]。

表2-1 食品の東西比較

	東	西
日清どん兵衛	かつお節ベース 濃い口しょうゆ味	昆布だしベース 薄口しょうゆ味
日清焼きそばUFO	ポークエキス味	甘辛ソース味
日清チキンラーメン	ゴマの香りを添加	従来のまま
明治製菓カール	チーズ味	うす味
ローソンおでんだし	かつお節40% 昆布35% 濃い口しょうゆ	かつお節30% 昆布50% 薄口しょうゆ
食パン（フジパン）	8枚切りが30% 6枚切りが60%	8枚切りがゼロ 4, 5, 6枚切りが90%

出所：中日新聞 2000年9月18日付夕刊。

(2) **人口統計的変数** 人口統計的変数は，年齢，性別，世帯規模，家族のライフサイクル，所得，職業，学歴，社会階層などによって異なる特性がある。

たとえば，性別による細分化は，衣料，整髪，化粧品，雑誌などに応用されている。トヨタ自動車のレクサス，センチュリー，マジェスタ，クラウン，カローラの種別は所得やライフステージをもとに市場を細分化した結果である。家族ライフサイクルとして，若年独身，若年既婚子供なし，若年既婚末子6歳以下，若年既婚末子6歳以上，高年既婚子供あり，高年既婚18歳以下の子供なし，高年独身，その他に区分できる。

(3) **心理的変数** ライフスタイル，性格がこの変数に区分されている。ライフスタイルでは，伝統的タイプ，快楽主義タイプなどに分類できる。製品に対する消費者の欲求や能力は，年齢やライフスタイルの影響を受ける。

(4) **行動変数** 購買機会，ベネフィット，使用者状態，使用頻度，ロイヤリティタイプ，購買準備段階など製品に対する態度が含まれている。たとえば使用者状態では，非使用者，旧使用者，潜在使用者，初回使用者，定期使用者に区分できる。

3．市場ポジショニング

　企業は市場セグメントを確定したら，そのセグメントにおけるポジショニング戦略を決定する。ポジショニングのレベルには，①製品レベル，②ブランド・レベルがあることから[33]，製品ばかりでなく，サービスや企業もしくは人の場合でもありえる。**ポジショニング**とは，企業や製品・サービスの重要な属性を消費者の心のなかで，競合他社の商品と比較して，消費者意識のなかにポジショニングされるものである[34]。このポジショニング戦略の決定には，次のようなことを挙げることができる[35]。①製品特性によってポジショニングを行なうこと，②製品が充足させるニーズや提供するベネフィットによってポジショニングを行なうこと，③使用される状況によってポジショニングを行なうこと，④使用者のグループによってポジショニングを行なうこと，⑤製品は競合品に対して直接ポジショニングを行なうこと，⑥競合品から離れることによってポジショニングが行なわれること，⑦製品のグループによってポジショニングが行なわれることなどを挙げることができる。

　たとえば，トヨタのレクサスブランド誕生の経緯をみれば，このポジショニング戦略がよく理解できる。フリー百科事典『ウィキペディア』の資料によれば，次のようになっている[36]。1989年にアメリカで誕生したトヨタの高級車ブランドのレクサスであるが，北米ではキャデラックやリンカーン，ベンツ，BMWが優位を占めていた。そこでは技術，機能が優れていても日本車といえば壊れないけれども，あくまで安物の大衆車として評価されていた。そこで，トヨタでは，トヨタブランドでは高級感のイメージ感が受け入れられないため，トヨタブランドでなくレクサスブランド作りが始まったようである。トヨタでは5年間レクサスの開発に取り組み，日本ではセルシオとして高級セダン，レクサスを誕生させた。日本でレクサスのマーケティング戦略は，2005年8月に販売が開始され，全国に143店舗が開設されている。従来のクラウンの購買者

よりさらに新しいセグメントに「高価格で高品質」，24時間365日対応可能な電話サポートサービス，携帯電話からガソリンタンクの残量など車の各情報を得ることができたり，値引き販売は行なわないなど高い付加価値サービスを訴求する競争優位のポジショニングをねらったものである。

以上のように，企業のポジショニングの決定により，どの企業がライバル企業であるのかが明らかになる。

第4節　マーケティング・ミックス

マーケティング戦略の展開について，マッカーシー（E. J. McCarthy）やオクセンフェルトは，2つの部分から成り立っているとしている[37]。

①標的市場：企業がアピールしようとするまったく同質の顧客グループ。

②マーケティング・ミックス：企業がこのような標的グループに対して満足を与えるために，組み合わせ管理することのできる変数。

マーケティング・ミックスの構成要素は，製品（product），場所（place），プロモーション（promotion），価格（price）として表現し，その頭文字をとって4Psと呼んでいる。このマーケティング概念の中心には，特定顧客層が位置し，その外延を4Psが取り巻き，それに影響を与えるのが経済的環境などのマクロ環境である。このほか，マーケティング・ミックスは研究者によって多くの種類に分類されている[38]。この構成要素はマーケティングの研究視点により，product（製品）は製品政策，製品戦略，place（場所）は，流通経路，チャネル戦略，promotion（プロモーション）はコミュニケーション戦略，販売促進戦略，price（価格）は価格政策，プライシングなどとして用いられる。以下にその内容を簡単に取り上げる[39]。サービス・マネジメントでは3Pをあげている。

1．製品（product）

製品やサービスに関する分野には，企業が標的市場の顧客層のニーズを満足させる製品やサービスの特徴・スタイル・ブランド名・パッケージ・品質などあらゆる問題が含まれている。製品とは，欲求やニーズを満足させるために，

注目され，入手され，使用・消費される目的で市場に出されるすべてのものをいう。製品は耐久財，非耐久財，消費財，生産財などに分類される。この領域では，製品ライフサイクル別戦略，製品ラインの開発と管理に関する問題，新製品のデザイン，パッケージング，ブランドに関する政策をどのように実践するかが問題となる。

2．場所（place）

販売するための製品は，どこで，いつ，だれによって買われるかということを検討しなければならない。製品やサービスは，生産者から消費者に向かって自動的に流れていくものではない。製品は多くのマーケティング活動が行なわれている流通経路を通して移動している。消費財においては4つの基本的なチャネルがある。①生産者から消費者へのチャネル，②生産者から小売商を経て消費者へのチャネル，③生産者から卸売商を経て小売商，消費者へ流れるチャネル，④生産者から2段階の卸売商を通して小売商から消費者へ流れるチャネルである。これらの4つのチャネルは単に可能性を示しただけで，実際には多数の小売商と卸売商とが存在している。

流通チャネルは，標的市場に対して適切な製品を流通させるための活動に伴うあらゆる問題，機能および制度，ロジスティクスなども含まれる。

3．プロモーション（promotion）

プロモーションは，適切な価格で，適切な場所で販売すべき適当な製品について，標的市場に向かってコミュニケーションする活動である。プロモーションには人的販売，セールス・プロモーション，広告，パブリシティが含まれる。

人的販売は売り手と顧客との間に直接的な関係が含まれ，販売員が有効に対応し，即時的なフィードバックの道を開いている。しかし，人的販売は多くの費用がかかるので，広告やセールス・プロモーションをもってこの活動を補う。

広告は，同時に多数の顧客とコミュニケーションすることができる。この方法は，見込み客に対して表現を調節するために，即時的なフィードバックができる人的販売よりも，融通性がないといえる。しかし標的市場が大きく分散している場合には，人的販売よりも少ない経費ですむこともある。広告はスポン

サーによる商品もしくはサービスに関する有料の非人的な表現形態である。広告には，雑誌・新聞，ラジオ・テレビが代表的である。広告はその広告主によって料金が支払われる。無料の形態としてパブリシティ（publicity）がある。パブリシティとパブリックリレーション（public relations）は比較的安い費用で，広告より有効なこともある。

　セールス・プロモーションは人的販売とマス・セリングを調整し，補完することによってこの２つの活動を有効に結びつけ販売活動をより促進させるものである。セールス・プロモーションにはノベルティ，POP材料，カタログ，チラシ広告などの計画，陳列・実演販売および見本市の展示などがある。

４．価格（price）

　マーケティング・ミックスの開発は，標的市場選定における不可欠な要素，製品，場所，プロモーション，価格を同時に設定することである。価格を設定するに当たっては，標的市場における競争の特質とともに，新製品についての価格設定，マークアップ，割引，販売条件，地域的区別などに関する価格設定を検討する。また価格に影響を与える法的な制限についても考慮しなければならない。価格は商品やサービスとの交換である。価格は単に金銭的な価値だけでなく，付随的なサービスとベネフィットも含まれている。

　4Psのすべては，マーケティング・ミックスにとって不可欠なものである。マーケティング・ミックスを選定する場合には，Pに関するすべての意思決定は同時に行われなければならない。そのために4Psは円の中のC（顧客）を取り巻いて配置されて，それらが同格を示している。

第5節　競争対応

　現代のマーケティングの体系は，ランバン（J. J. Lambin）によると「経営戦略的色彩の強い戦略的マーケティングと，従来からの4Pの管理にかかわるマーケティング・マネジメントから構成されている。そして両者を橋渡しするのが，競争対応の戦略である」と述べている[40]。競争対応の戦略は，マーケティング・ミックスの最適なシステム構築を方向づけるものである。ポーターの３つの基

本戦略，製品ライフサイクル別戦略，競争地位別戦略が企業のマーケティング・ミックスの方向と相乗効果を導くものである。以下，その内容の概要を要約する[41]。

1．ポーターの戦略

ポーター（M. E. Porter）によると，競争戦略の決め手は，会社をその環境との関係でみることである。環境でも特に業界（互いに代替可能な製品を作っている会社の集団）が，中心となりその競争状態を決めるのは，5つの要因である。すなわち①新規参入の脅威，②代替製品の脅威，③顧客の交渉力，④供給業者の交渉力，⑤競争業者間の敵対関係である。そして，特定の企業にとってのベストの戦略とは，その特定企業の環境を計算に入れて作られた特異な戦略である。競争相手に打ち勝つためには，次の基本戦略がある[42]。

①**コストのリーダーシップ戦略**：コストの面で最優位に立つという基本目的にそった一連の実務政策を実行することで，コストのリーダーシップをとる戦略である。

②**差別化戦略**：自社の製品やサービスを差別化して，業界のなかでも特異だとみられる何かを創造しようという戦略である。

③**集中戦略**：特定の買い手グループや，製品の種類や，特定の地域市場などへ，企業の資源を集中する戦略である。

2．製品ライフサイクル別戦略

製品ライフサイクル別戦略は，製品のライフサイクルの展開に伴うマーケティング・ミックス構築の動態的な方向づけを行なうものである。製品の導入期・成長期・成熟期・衰退期というライフサイクルによってマーケティング・ミックスが異なる。マーケティング目的では，導入期に知名とトライアル，成長期にシェアの最大化，成熟期に利益最大化とシェア維持，衰退期には支出削減とブランド収穫を行なう[43]。製品ライフサイクルを中心としたマーケティング戦略をまとめると，図2-2・表2-2のようになる。

図2-2 PLCの概念図

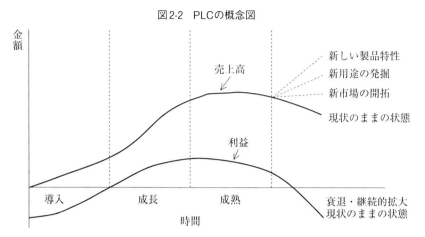

原典：徳永豊編著,『例解マーケティングの管理と診断』, 同友館
　　　1989　p.157
出所：加藤, 城田, 石居, 上田, 大浜, 岡本『現代マーケティング戦略論』
　　　中部日本教育文化会　平成9年　p.86

3．競争地位別によるマーケティング戦略

　コトラーは，競争地位をリーダー，チャレンジー，フォロワー，ニッチャーの4類型に分けている。以下にその概要を述べる[44]。

　(1)　**リーダー**　　リーダーは，競争市場で新規ユーザーを開拓したり，現在のユーザーの製品使用を拡大させたりして，市場シェアの拡大，利潤・名声，規模，経営資源をもつ企業である。競争優位性をもちあらゆるセグメントに対し，全方位のオーソドックス戦略を適用する。戦略ドメインは，自社組織のアイデンティティを明確にし，組織内の価値統一のシンボルは事業コンセプトや経営理念によって標榜される。

　リーダーの政策定石には，①周辺需要政策：自社で周辺需要を創造する場合と業界に働きかけて競合他社と協同で行なう場合がある政策である。②同質化政策：競争他社が成功した製品をそのまま真似をする完全同質化政策と，より良いものに改良して行なう改善同質化政策がある。③非価格政策：リーダーが安易な値下げ競争に走ると，業界全体の利潤構造が悪化するので価格競争は避ける[45]。

表2-2 PLCを中心としたマーケティング戦略

	導入期	成長期	成熟期	衰退期
基本性格				
販売高	低いが、徐々に増加	早急な増加　後になって徐々	安定（最高での販売高）	低下（恒久的に減少）
生産費	高い	低い（生産増加）	安定	増加
利益	低いか損失	最大の利益	低下しはじめる	低下
外生変数				
消費者	革新者	初期採用者	初期多数期　後期多数期	遅滞者
標的市場	高所得者	中間所得者	大衆市場	低所得者
競争	非常に少ない	最も多い	安定	少数（少数専業者）
内生変数				
全社的戦略	市場確立	市場浸透	ブランド・ポジションの防衛	製品削除の準備
製品修正	しばしば	多い	毎年スタイルの変更	少ないか、ない
ブランド・ロイヤルティ	ない	開拓開始	強い	衰退
下取り	ない	少ない	多い	少ないか、ない
必要なパーツやサービス	パーツは少ないが、サービスは、しばしば	在庫は多い	複雑　コスト高	少ない
小売価格	高い	高い	価格戦争は避ける	低い
流通戦略	選別・限定的	集中的ほとんど全標的市場	集中的　全標的市場	選別的整理
広告戦略	初期購入者のニーズに狙い	大衆市場にブランドのベネフィットを認識させる	製品やブランドの差別化の強調	消費者に製品想起広告

原典：三浦一著,『マーケティング進化論』，中央経済社，1992, p.130
出所：加藤，城田，石居，上田，大浜，岡本『現代マーケティング戦略論』
　　　中部日本教育文化会　平成9年　p.87

(2) **チャレンジャー**　チャレンジャーは，市場シェアを拡大してトップの座をねらう業界の二番手グループの企業である。トップのシェアを獲得するには，リーダーからシェアを奪うか，下位企業からシェアを奪うことが必要である。リーダーから市場シェアを獲得するためには，リーダーとのマーケティング・ミックスにおいて何らかの差をつける差別化戦略をとる。

表2-3 競争優位化戦略の体系

競争地位	市場目標	基本戦略方針	戦略ドメイン	政策定石
1. リーダー (Leader)	市場シェア 利潤 名声	全方位化 (オーソドックス)	経営理念 (顧客機能中心)	周辺需要 同質化 非価格対応
2. チャレンジャー (Challenger)	市場シェア	差別化 (非オーソドックス)	顧客機能と独自能力の絞り込み (対リーダー)	上記以外の政策 (リーダーとの差別性)
3. フォロワー (Follower)	利潤	模倣化	通俗的理念 (良いものを安く社会に奉仕など)	リーダーやチャレンジャー政策の観察と迅速な模倣
4. ニッチャー (Nicher)	利潤 名声	集中化	顧客機能, 独自能力対象市場層の絞込み (対リーダー・チャレンジャー)	特定市場内でミニ・リーダー戦略

出所：嶋口充輝・和田充夫・池尾恭一・余田拓郎『マーケティング戦略』有斐閣, 2007年, 48頁。なお, 嶋口充輝『戦略的マーケティング』誠文堂, 1986年, 238頁では, マーケティング・マネジメント戦略との関係についても詳しい。
市場目標：企業が競争優位化戦略全体を遂行したとき, そこから直接的に得ようとする合理的市場成果
基本戦略方針：競争対抗的に企業の優位化を発揮するための原則的方向づけ
戦略ドメイン：競争優位的な市場内生存領域と戦略姿勢
政策的定石：競争優位化戦略の実行において基本的に遵守すべき行動原則

(3) **フォロワー** フォロワーは，経営資源において，リーダーやチャレンジャーよりも劣るため市場シェアをねらう位置にはいない。また名声・イメージを獲得するほどの独自性ももたないため，生き残りのためチャレンジャーの手薄な二次市場に模倣して安定した市場シェアと利益を追求する。多くの場合，ドメインは「良いものを安く」というような経営理念になることが多い。

(4) **ニッチャー** ニッチャーは，市場シェアを争う経営資源もなく，リーダーをねらう位置にもいない。市場内に独自に棲み分け特化して活動を行なう。ニッチャーは，市場の隙間（ニッチ），顧客，製品などを専門化することにより，競合他社との直接対立を回避して対象市場を絞り込み，集中化を行なう。低シェアながらも利潤と名声を上げることも可能な企業である。

注

1) 森下不次也・荒川祐吉編『体系マーケティング・マネジメント』千倉書房，1979年，pp.30-31。マーケティング論の端緒的成立は1915年のA. W. Shawの「市場配給の若干の問題点」に求めることが通説となっている。同上書，p.7。
2) 荒川祐吉『商学原理』中央経済社，1983年，pp.193-194。マネジリアル・マーケティングアプローチの研究は，加藤勇夫『マーケティング・アプローチ論―その展開と分析』白桃書房，1982年，pp.118-129に詳しい。田内幸一『マーケティング』日本経済新聞社，1989年，p.29には，「そこでこれ以降のマーケティングについては，マネジリアル（経営者の）マーケティングと呼ばれることがあります。マーケティング・マネジメント（管理）も，製品計画以後のもので，大体マネジリアル・マーケティングと同義です」と述べている。本章でも，同義として用いている。ここでは，内容の考察はせず区別している研究者の見解を紹介するにとどめた。
3) 田内幸一・村田昭治編『現代マーケティングの基礎理論』同文館出版，1986年，p.38。
4) 田内幸一・村田昭治編　前掲書，pp.4-7。なお，同書では，アメリカのマーケティングの発展を次の5期に区分している。(1)マーケティング誕生の時代：1900-1920，(2)高圧的マーケティングの時代：1920-1930，(3)低圧的マーケティングの時代：1930-1950，(4)マネジリアル・マーケティングの時代：1950-1970，(5)企業と社会の交渉の時代：1970－。しかし本章では，マネジリアル・マーケティングの登場までを紹介した。
　　木綿良行・懸田　豊・三村優美子『現代マーケティング論』有斐閣，1993年，pp.13-15。
5) 藻利重隆編『経営学辞典』東洋経済新報社，1967年，p.520。
6) 田内幸一・村田昭治編　前掲書，p.42。
7) 和田充夫・恩蔵直人・三浦俊彦『マーケティング戦略』有斐閣アルマ，2001年，p.8。
8) 加藤勇夫・城田吉孝・石居正雄・上田喜博・大浜慶和・岡本　純『現代マーケティング戦略論』中部日本教育文化会，1996年，p.2。
9) 嶋口充輝・石井淳蔵『現代マーケティング』有斐閣，2007年，p.33。
10) P. Kotler and G. Armstrong, *Principles of Marketing*, 4th ed., Prentice-Hall, 1989.（和田充夫・青井倫一訳『マーケティング原理―戦略的行動の基本と実践 [新版]』ダイヤモンド社，2001年，pp.56-57。）
11) 嶋口充輝・石井淳蔵　前掲書，pp.38-39。田島義博編『21世紀へのニューマネジメント　第19巻　マーケティング』総合法令，1992年，pp.49-50。
12) 嶋口充輝・石井淳蔵　同上書，p.40。
13) 嶋口充輝『戦略的マーケティングの論理』誠文堂新光社，1986年，まえがき，p.1。
14) 和田充夫・日本マーケティング協会編『マーケティング用語辞典』日本経済新聞社，

2005年，p.130。
15) 嶋口充輝　前掲書，pp.29-30。
16) 嶋口充輝　同上書，pp.11-17。
17) (社) 日本マーケティング協会編『マーケティング・ベーシックス』同文館出版，1995年，p.25。
18) (社) 日本マーケティング協会編　同上書，pp.25-27。
19) (社) 日本マーケティング協会編　同上書，p.25。
20) (社) 日本マーケティング協会編　同上書，pp.26-27。
21) 和田充夫・恩蔵直人・三浦俊彦　前掲書，pp.324-328。
22) 加藤勇夫・城田吉孝・石居正雄・上田喜博・大浜慶和・岡本　純　前掲書，p.3。
23) P. Kotler, *Marketing Essentials*, Prentice-Hall, 1984.（宮澤永光・十合　晄・浦郷義郎共訳『マーケティング・エッセンシャルズ』東海大学出版会，1995年，pp.94-102。）P. Kotler and G. Armstrong, 和田充夫・青井倫一訳　前掲書，pp.74-81。P. Kotler and G. Armstorong, *Marketing an Introduction*, Prentice-Hall, 1990, pp.108-113.
24) P. Kotler, 宮澤永光・十合　晄・浦郷義郎共訳　前掲書，pp.102-124。P. Kotler and G. Armstrong, 和田充夫・青井倫一訳　前掲書，pp.82-108。P. Kotler and G. Armstrong, *op. cit.*, pp.114-134. E. J. McCarthy, *Basic Marketing: A Managerial Approach*, Richard D. Irwin.（粟屋義純監訳『ベーシック・マーケティング』東京教学社，1984年，pp.77-93。）P. Kotler, *Principles of Marketing*, Prentice-Hall, 1980.（村田昭治監修『マーケティングの原理―戦略的アプローチ』ダイヤモンド社，1983年，pp.236-270。）
25) 三宅隆之『現代マーケティング論：基本・実際・学び方』同友館，1999年，pp.40-43。太田一樹『現代のマーケティング・マネジメント』晃洋書房，2004年，p.25。P. Kotler, *Marketing Management*, 10th ed., Prentice-Hall, 2001.（恩蔵直人監修『コトラーのマーケティング・マネジメント』ピアソン・エデュケーション，2001年，p.111。）近藤光雄『マーケティング・リサーチ』日本経済新聞社，2007年，p.3。
26) J. R. Evans and B. Berman, *Principles of Marketing*, Prentice-Hall, 1995, p.92.
27) P. Kotler and G. Armstrong, *Marketing an Introduction*, Prentice-Hall, 1997, p.201. P. Kotler and G. Armstrong, 和田充夫・青井倫一訳　前掲書，p.278。P. Kotler, 宮澤永光・十合　晄・浦郷義郎駅　前掲書，pp.197-198。和田充夫・恩蔵直人・三浦俊彦　前掲書，pp.58-59。
28) 沼上　幹『わかりやすいマーケティング戦略』有斐閣，2000年，pp.42-43。
29) P. Kotler and G. Armstrong, 和田充夫・青井倫一駅　前掲書，p.279。P. Kotler, 宮澤永光・十合　晄・浦郷義郎共訳　前掲書，pp.198-199。P. Kotler and G. Armstrong, *op. cit.*, 1997, p.202.
30) P. Kotler and G. Armstrong, *op. cit.*, 1997, pp.217-218. P. Kotler and G. Armstrong,

和田充夫・青井倫一訳　前掲書，pp.297-298。P. Kotler, 恩蔵直人監修　前掲書，p.342。
31) 沼上　幹，前掲書，pp.47-52。P. Kotler, 宮澤永光・十合　眈・浦郷義郎共訳，前掲書，pp.201-213。P. Kotler and G. Armstrong, *op. cit.*, 1997, pp.203-213. P. Kotler and G. Armstrong, 和田充夫・青井倫一訳，前掲書，pp.281-295。
32) 中日新聞，2000年9月18日付夕刊。
33) 宮澤永光・亀井昭宏編『マーケティング辞典』同文舘出版，2003年，p.209。
34) P. Kotler, 恩蔵直人監修　前掲書，p.371。
35) P. Kotler and G. Armstrong, 和田充夫・青井倫一訳　前掲書，pp.307-308。
36) フリー百科事典『ウィキペディア』2009年1月8日アクセス
http://ja.wikipedia.org/wiki/%E3%83%AC%E3%82%AF%E3%82%B5%E3%82%B92
37) E. J. McCarthy, *Basic Marketing: A Managerial Approach*, Richard D. Irwin, 1975, p.35. E. J. McCarthy, 粟屋義純監訳　前掲書，p.60。加藤勇夫『マーケティング・アプローチ論―その展開と分析』白桃書房，1982年，pp.143-144に，マッカーシーの2段階は，1962年，オクセンフェルトの論文に提示されていると説明されている。加藤勇夫・寶多国弘・尾碕　眞編『現代のマーケティング論』ナカニシヤ出版，2006年，p.29。
38) 田内幸一・村田昭治　前掲書，pp.66-67にボーデン，マッカーシー，フレイ，レイザーのマーケティング・ミックスを挙げている。加藤勇夫　前掲書，p.144で，マーケティング・ミックスの活用について，詳しく説明している。
39) E. J. McCarthy, *op. cit.*, pp.75-81. E. J. McCarthy, 粟屋義純監訳　前掲書，pp.65-72。加藤勇夫　前掲書，pp.123-126。
40) 和田充夫・恩蔵直人・三浦俊彦　前掲書，p.257。
41) 和田充夫・恩蔵直人・三浦俊彦　前掲審，p.256。
42) M. E. Porter, *Competitve Strategy*, Free Press, 1980.（土岐　坤・中辻萬治・服部照夫訳『競争の戦略』ダイヤモンド社，1990年，p.20, pp.55-62）
43) 和田充夫・恩蔵直人・三浦俊彦　前掲書，pp.264-268。
44) 嶋口充輝・和田充夫・池尾恭一・余田拓郎『マーケティング戦略』有斐閣，2007年，pp.46-56。P. Kotler and G. Armstrong, 和田充夫・青井倫一訳　前掲書，pp.66-68。（社）日本マーケティング協会編　前掲書，pp.9-12において，和田充夫は，コトラーは，参入企業の競争地位をリーダーとノンリーダーに分類し，リーダーとの市場シェア距離の近さや遠さによって，ノン・リーダーをチャレンジャー，フォロワー，ニッチャーに分類している。嶋口はこの市場シェア距離に加えてリーダーの経営資源との相対的強さという概念を加えてノンリーダーを分類している。
45) 嶋口充輝・和田充夫・池尾恭一・余田拓郎　同上書，pp.55-56。

第2部
マーケティングミックス

第3章　製品情報

第4章　ブランド情報

第5章　価格情報

第6章　チャネル情報

第7章　プロモーション情報

第3章　製品情報

第1節　製品の意義と分類

１．製品とは

　製品とは，ニーズや欲求を満たすために市場へ提供されるものである。市場に提供される製品には，有形財，サービス，経験，イベント，人，場所，資産，組織，情報，アイデアがある。製品レベルには5つのレベル①中核ベネフィット，②基本製品，③期待製品，④膨張製品，⑤潜在製品があるとしている[1]。商品の分類については本章末尾資料1を参照。

２．製品ミックスとライン

　製品ミックスとは，企業が販売する製品およびアイテムすべてのことである。製品ミックスは，ある特定の幅，長さ，深さ，整合性がある。製品ミックスの幅とは，その企業が所有している**製品ライン**の数をいう。製品ミックスの長さとは，製品ミックス内のアイテムの合計数をいう。製品ミックスの深さとは，製品ライン内の各ブランドについて，提供されているバリアントの数をいう。製品ミックスの整合性とは，最終用途，製造条件，流通チャネルなどにおいて，多様な製品ラインどうしにどれだけ密接なかかわりがあるかをいう[2]。

３．製品の分類

（1）耐久性と有形性に基づく分類
　①非耐久財：1回から数回の使用で消耗される有形財。
　②耐久財：数回の使用に耐える有形財。
　③サービス：無形で分割不可能で，変動性と消滅性がある。
　　＊サービス・マーケティングとして，第3節で紹介する。
（3）生産財と消費財
　　生産財：材料・部品，資本財，備品・対事業所サービス。
　　消費財：購買習慣に基づいて最寄品，買回り品，専門品。
　　例：最寄品：便宜品，日用品。買回品：婦人服，家電製品。専門品：ロレッ

クスの時計，宝石，スポーツ用品

第2節　新製品開発と製品ライフサイクル

1．新製品開発の主な段階
アイデアの創出 ⇒ スクリーニング ⇒ コンセプト開発とテスト ⇒ マーケティング戦略開発 ⇒ 経済性分析 ⇒ 製品開発 ⇒ 市場テスト ⇒ 市場導入[3]。

2．製品ライフサイクル（PLC）
製品ライフサイクルは①製品開発期，②導入期，③成長期，④成熟期，⑤衰退期の段階からなる。PLCの概念は，製品と市場がどう動くかを描く場合の枠組として有効である[4]。

3．計画的陳腐化
買換需要を促進し，既存の製品寿命の意図的・計画的な短縮化を図る。機能的陳腐化，心理的陳腐化，物理的陳腐化が考えられる[5]。

第3節　サービス商品とマーケティング

1．サービス・マーケティング[6]
サービス・マーケティングが研究され始めたのは1970年代に入ってからである。特にアメリカでは，80年代から始まったサービス事業を対象とする大規模な政府の規制緩和が影響を与えた。サービスの経営や販売に関する主な課題として5点あげることができる（pp.22-25参照）。
（1）サービス：モノ製品とは異なる固有の特徴を持っている。
（2）サービス・エンカウンター：顧客とサービスが出会う場面で顧客を満足させる。
（3）サービスの品質・顧客満足・顧客維持を実現すること。
　　　サービス品質の側面：信頼性，反応性，確信性，共感性，物的要素（p.149参照）

（4）サービス生産システム：サービスの生産は理念，従業員の行動がサービスの仕上がりを左右する。

（5）**サービスのマーケティング・ミックス**（p.191参照）

Product：サービス商品・・サービス品質，パッケージ，ブランディング

Place：場所・・・立地，生産・販売拠点

Promotion：広告，人的販売，パブリシティ，セールス・プロモーション

Price：価格・・価格政策

People：人材・・従業員（雇用・訓練），顧客，企業文化・価値観，従業員調査

Physical evidence：物的環境要素・・・施設デザイン（快適性）備品，従業員の服装

Process：提供過程・・活動の標準化，手順の単純化，顧客参加の程度

＊メモ：サービス・マーケティング・ミックスの考察についてはフィスク/グローブ/ジョン著　小川孔輔・戸谷圭子監訳『サービス・マーケティング入門』法政大学出版局　2005年　p.37を参照のこと。

2．**サービス企業のマーケティング戦略**[7]

　グロンルースはサービスのマーケティングにはエクスターナル・マーケティングのみならず，インターナル・マーケティングとインタラクティブ・マーケティングが必要であるとしている（pp.536-537）。

　エクスターナル・マーケティングとは，顧客に提供するサービスを用意し，価格を設定し，流通し，プロモーションを行う通常のことである。

　インターナル・マーケティングとは顧客に満足してもらえるサービスができるように従業員を教育し，モチベーションを高めることである。

　インタラクティブ・マーケティングとは，顧客への応対における従業員の手腕のことである。

　エクスターナル・マーケティングとインターナル・マーケティングの対比については疋田聡塚田朋子編『サービス・マーケティングの新展開』平成5年同文館 p.11参照のこと。

注

1）P. コトラー監修恩蔵直人『コトラーのマーケティング・マネジメント』株式会社ピアソン・エデュケーション　2001年　pp.485-486.
2）P. コトラー監修恩蔵直人『前掲書』pp.490-491.
3）P. コトラー宮澤永光・十合暁・浦郷義郎共訳『マーケティング・エッセンシャルズ』東海大学出版会　1995年　p.266.
4）P. コトラー，G. アームストロング和田充夫・青井倫一訳『新版マーケティング原理』ダイヤモンド社　2001年　p.388.
5）日本マーケティング協会編『マーケティング・ベーシックス』同文舘　p.132.
6）近藤隆雄『サービス・マーケティング』生産性出版 2013年　に依拠している。
7）P. コトラー恩蔵直人監修『前掲書』p.535.

資料1　伝統的な商品の分類

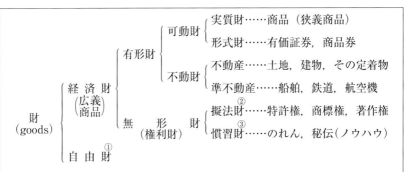

① 自由財は，水とか空気のような，人間が生存していくうえに必要であるが，一般に交換価値をもたず，自由に手に入れることができる財をいう。
② 擬法財とは，法の擬制によって法規上認められた権利をいう。
③ 慣習財とは，得意先関係や信用状態を資本化したもので，慣習により社会に認められたものである。擬法財も慣習財も売買可能であるが，物品でない。

資料：上坂西三著『商学概論』，前野書店，昭和49, p.79。
　　　　出牛正芳著『演習　商品知識の基礎』，同友館，昭和54, p.15。
出所：中村孝之　小堀雅浩　田口冬樹　松木繁義　石居正雄　城田吉孝
　　　　長谷川博　三浦康彦　有馬賢治　浅野清彦　加藤勇夫　寶多国弘
　　　　『マーケティング論』商学研究社　1994年　P.80。

第4章　ブランド情報

第1節　ブランドの字義的解釈と定義・役割

1．ブランドの字義的解釈

　ブランド（brand）の意味を研究社の英和大辞典でみると，名詞として①燃え木，燃えさし，燃え火，②（昔罪人に押した）焼印，焼鉄の跡，③（品質・内容・製造所・所有者などを示すための家畜・商品などに付けた）焼印，焼判（やきはん），同じ焼印をもった【同じ農場の】家畜群，④商標（trademark）；…印；（商標付）品質，品種，⑤たいまつ，⑥刀の刃，刀，剣。他動詞では①…に焼印を押す，（家畜に）焼印を押す，②（…と）きめつける，…に（…の）極印を押す，③…に汚名をきせる，汚す，④（記憶に）焼きつける，（心に）刻みつける，強く‥印象を残す，となっている。この解釈から整理すると①商品の品質と内容に責任を持ち，所有者であることを示す，②商品をつくった人を明確にする標，③心に刻み付け強く印象に残すことがブランドの字義的な意味と解釈できる。こうした意味あいからブランドの本質的な機能として①商品やサービスを誰が生産したのか責任を明確にするための所有者表示機能（識別・差別化），②商品やサービスの品質を保証する品質表示（保証）機能，③消費者に商品やサービスが強く印象に残ってその商品を購入してもらったり，企業や商品に愛着をもってもらうための想起機能の3つを挙げることが理解できる（アンダーラインは筆者）。

2．ブランドの定義

（1）K. L. ケラー（K. L. Keller）の定義

　ブランドとは「ある売り手あるいは売り手集団の製品およびサービスを競合他社の製品およびサービスと差別化するための名称，言葉，サイン，シンボル，デザイン，あるいはこれら要素の組み合わせ」であると定義し，ブランドのさまざまな構成要素（すなわち，ブランド・ネーム，ロゴ，シンボル，パッケージ・デザインなど）はブランド要素と定義している[1]。

（2）アメリカ・マーケティング協会（AMA）の定義

　ブランドとは「ある売り手あるいは売り手の集団の製品およびサービスを識

別し，競合他社の製品及びサービスと差別化することを意図した名称，言葉，サイン，シンボル，デザイン，あるいはその組み合わせ」であると定義している[2]。

(3) ブランド価値評価研究会（委員長広瀬義州）の定義

ブランドとは「企業が自社の製品等を競争相手の製品等と識別化または差別化するためのネーム，ロゴ，マーク，シンボル，パッケージ・デザインなどの標章」としている[3]。

(4) L. ヤング（L. Young）の定義

ブランドとは「人々が得られる物質的便益以上に多くを支払うことを厭わないくらい深く愛されている実体」であると定義している。「名声」と呼ばれるものの認識から始まり，「ブランド」で終わる連続体，その2つの中間に「レピュテーション」が存在していると述べている。ヤングはまた，「ブランド」が時間の経過とともに構築され，レピュテーションによってブランドが構築されると主張している[4]。

以上ブランドの定義を紹介したが，結局のところ①競合他社との商品の差別化識別化であり，②名称，言葉，サイン，シンボル，デザインなどの組み合わせである。

ここでは，とりあえず，ブランドとは，自社および組織体が競合他社や地域の特産物，商品およびサービスを識別，差別化想起するために意図した名称，言葉，サイン，シンボル，デザイン，あるいはその組み合わせを用いて働きかけるコミュニケーション活動であると定義しておく。

3．ブランドの役割

ブランドとは，自社および組織体が競合他社や地域の特産物，商品およびサービスを識別，差別化，想起するために意図した名称，言葉，サイン，シンボル，デザイン，あるいはその組み合わせを用いて働きかけるコミュニケーション活動であると定義した。したがって，ブランドとは売り手や製造業者が売りたいという客体物「ブランド」というモノを買い手や使用者にわかるようにするモノである。売り手と買い手にとっても有益であらねばならない。それはモノに

対する信用である。ブランドの果たす役割を製造企業と消費者についてみてみよう[5]。

製造企業では、①製品の取扱や注文処理を単純化するための識別手段、②独自の特徴を法的に保護する手段、③消費者への品質シグナルやロイヤルで収益性の高いユーザーをひきつけられる、④製品にユニークな連想を与える手段、⑤競争優位の源泉となり、流通業者や消費者の支持を得やすい、⑥財務的成果の源泉となり、将来の収益を獲得しやすい。

消費者に対しては、①製品の製造元の識別ができる、②誰が製造したのか、その責任の所在を明確にしている、③信用と信頼関係からリスクが削減される、④商品の購入のための、探索コストが削減できる、⑤製造業者、流通業者との間に暗黙のうちに「ブランド」に対する信頼関係の約束、契約、協定が成立している、⑥消費者に自己イメージを投影させるシンボリックな装置にもなり、価値、品質のシグナルとなる。

この他、ブランドは株主、従業員、取引先に対しては次のような役割がある[6]。株主には中長期的に株を保有し収益性という指標だけでなく、利害関係者に対して安定的に「信用」を保障するブランドという価値が重視される。ブランド力が強ければそれだけ株主は安心感や期待感を抱く。従業員に対して、働く「自信と誇り」を自覚させ、従業員自身が企業ブランドの拡張者であることに気づかせることである。従業員が企業ブランド作りに参加し、価値の拡大に貢献する。取引先に強いブランド力を持つ商品やサービスを取り扱う企業は販売価格が維持できるため、利益率が高く、安定した経営が行われる。

第2節　ブランド商標及び製品開発とブランド構築の関係

1．ブランドと商標

わが国では1900年末頃までブランドを商標（trade mark）として用いられてきた。マーケティングのテキストでは製品の一分野として商標あるいは商標政策として取り上げられてきたがここではブランド・マネジメントとして捉えている。ブランドは法的側面として商標法、意匠法、商法、不正競争防止法などの法的権利として保護されている。

そもそも**商標**とは三省堂の広辞林によると「自己の生産・製造・加工・選択・証明・取扱いまたは販売の営業にかかる商品であることを表わすために，商品につける文字・図形・記号などの一定の標識。トレードマーク。商標権：商標の登録によって，その商標を専用できる権利」と説明されている。**商標法**の目的と定義についてみると，商標法の第1条（目的）では，商標を保護することにより，商標を使用する者の業務上の信用の維持を図り，もって産業の発達に寄与し，あわせて需要者の利益を保護することを目的とする。第2条（定義）では，「商標」とは，文字，図形若しくは記号若しくはこれらの結合又はこれらと色彩との結合（以下「標章」という）であって，①業として商品を生産し，証明し，又は譲渡する者がその商品について使用をするもの，②業として役務を提供し，又は証明する者がその役務について使用をするもの（前号に掲げるものを除く）。ブランドとの関係から整理すれば，まず，ブランドは法的保護の対象になっている。ブランドが商標登録されている商標または意匠登録されている意匠であれば，ブランド保有者は独占的にブランドを使用する権利がある。ブランドが商号であれば商法により保護されている。不正競争防止法では周知の製品等表示と同一または類似の製品等表示を使用して製品等または営業主体を混同させる行為を排除でき，また著名な製品等表示と同一または類似の製品等表示を使用する行為を排除できる。このようにブランドは商標法，意匠法，商法，さらに不正競争防止法により保護されている。

　この商標法は1970（昭和35）年4月1日に施行されている。商標は出願した者に認められる「先願主義」を採っている。商標権を登録した商標の使用は独占し，他人の使用を排除する権利で，売買の対象になる。有効期限は10年間となっている。今日，「商標ビジネス」が活発になっている。レッサーパンダ「風太」（千葉市動物公園が出願中），日常会話「おやすみ」，「ありがとう」，人物名「星野仙一」は登録されている。地域ブランドとして「八丁味噌」，「松阪牛」は出願中である。「NPO」や「ボランティア」は商標が取り消されている（朝日新聞2005／5／19，6／3，中日新聞2006／5／11）。

2．製品開発とブランド構築の関係

　製品開発とブランド構築は似ているが概念的に異なるので，その関係を整理

すると次のようになる[7]。

　製品開発とは技術力を中心とした「モノの開発」である。製品の機能，品質，コスト，市場シェアが問題となり，「作る仕組み」を基礎とするものである。それに対してブランド構築は「意味の開発」（モノへの意味付け）である。製品と生活空間の関連付け，便益や価値を期待してもらいマインド・シェアが問題となる。製品開発とブランド構築との関係を「目的・目標」「戦略レベル」「キーワード」の視点から概念整理すると表4-1のようになる。

　基本的にブランド構築と製品開発の違いは，ブランド構築はモノにたいする意味づけ，関連づけであり，製品開発は技術を駆使して市場シェアを獲得することである。

表4-1 「製品開発」と「ブランド構築」の比較

	製品開発	ブランド構築
目的・目標	モノの開発 ↓ 機能・品質・市場シェア	意味の開発 ↓ 使用場面・便益・マインド・シェア
戦略レベル （タイム・スパン）	事業レベル―短・中期的視点 ↓ フロー思考―P／Lに反映	会社レベル―長期的視点 ↓ ストック思考―B／Sに反映
キーワード	カテゴリー／テクノロジー／クォリティ （分野／技術／品質） ↓ 戦略発想―（マーケティング・ミックス）	ポジショニング／フォーメーション／メンテナンス （棲み分け／配置／維持・強化） ↓ 戦略発想（S.T.P）[注]

（出所）マンダム・桃田雅好の作成（原典：青木幸弘・岸志津江・田中洋『ブランド構築と広告戦略』日経広告所，2002年，p.68。）
（注）S: Segmentation, T: Targeting, P: Positioning

第3節　ブランド

　本節では，ブランドを歴史的にレビューし，ブランドの意味合いが従来のマーケティング・コンセプトから持続的競争優位の源泉として捉えるに至った背景について述べる。そして，その変化に対応したブランド・エクイティ概念とその価値について詳述した。

1．近代以前のブランド：識別機能

　ブランドがいつ頃から発展してきたのかはケラーの所説を中心にその経過をみることにする[8]。

　ブランドは日本では縄文弥生文化の頃，古代ヨーロッパの陶工，石工のマークにまでさかのぼる。製造元を識別するため手工芸品にも応用されていたようである。買い手は品質の指標として陶芸家のマークを求めていた。マークは中国の陶器，古代ギリシャとローマからの壺，紀元前1300年頃にインドから入ってきた品々にも見られる。奈良，平安，鎌倉時代の中世になるとブランドは陶芸家のマーク，紙に入れられたすかし模様，印刷業者やパン，職業別ギルドのマークが現れた。特定のメーカーにロイヤルティを持つ買い手を引きつけるだけでなく，ギルドによる侵害者の取り締まりと粗悪品のメーカーの選別にも使用された。1266年にはイギリスの法律はパン製造業者にパンにマークを付けることによって，ごまかしを防ぎ製造業者を明確にした。金細工師，銀細工師にもサインと品質を示すことが求められた。これに違反した者は厳しい刑罰に処せられたようである。

　ヨーロッパ人が北米に移民しはじめ，米国のブランディングの先駆者は，特許医薬品メーカーとたばこ製造業者であった。1600年代初頭〜1800年代初頭まで，タバコ葉はスミス社の「プラグ・アンド・ブラウン」，ブラック社の「ツイスト」といったラベルの付いた梱りに詰められていた。1850年代クリエイティブな名称がたばこ販売に有効であることがわかった。1860年代にはタバコを小さい袋に入れて直接消費者に販売する，魅力的なパッケージが重視された。

2．近代以降のブランド：製造業者ブランド，プライベートブランドの誕生とブランド価値向上

　ブランドの役割や機能の拡大は経済社会の発展と大いに関係がある。そこで経済推移とマーケティングの発展の区分について，加藤勇夫は①〜1920年（生産過小状態），②1920〜30年（生産消費均衡），1930〜1950年（生産過剰），③〜1960年前半（生産過剰），④1960年代後半〜（生産過剰）の4期に類型化している[9]。

　ケラーはブランドの発展を①1860〜1914年：ナショナルブランドの登場，

②1915〜1929年：マス・マーケティングされるブランドの台頭，③1930〜1945年：製造業者ブランドへの挑戦，④1946〜1985年：ブランド管理基準の確立，⑤1986〜現在；ブランディングにおける新たな課題と機会の5期に区分している[10]。ここではこれを仮に3期にまとめるために，アメリカの主な出来事をピックアップしてみる。1860年はリンカーンが第16代大統領に当選，1861年南北戦争（〜65年），1865年産業革命に入る。1914年はパナマ運河が開通，第1次世界大戦（1914〜18年），1929〜32年世界経済恐慌：ウォール街の株価大暴落，1933年ニューディール政策開始，1939〜45年第2次世界大戦，1947年マーシャルプラン発表，1951年日米安保条約調印，1971年ドル・ショック，1982年レーガノミックス発表，1985年G5がプラザ合意，などが特筆される。こうした出来事から第1期（1860〜1914年）：生産志向，第2期（1915〜1985年）：販売志向，第3期（1986〜現在）：マーケティング志向時代ときわめて大雑把に区分を試みた。以下に3区分でまとめてみた。

（1）第1期：1860〜1914年：生産志向時代（ナショナルブランドの登場）

南北戦争後，1869年大陸横断鉄道等により国内市場が統一され北部を中心に発展し，次のような状況から製造業者ブランドが広く流通するようになった。

①鉄道，通信の進歩により，流通が全国的になった。②生産プロセスの改善により高品質の製品を安価に大量生産でき，③パッケージングの改善によって，製造業者の商標（トレードマーク）が確認できる個装となった。④1879年，1880年，1906年の米国商標法の改正によって，ブランド・アイデンティティの保護が容易になった。⑤広告が信頼できる手段として認識され，新聞・雑誌は広告収益を得るため活発に活動した。⑥百貨店，通信販売の小売業が消費者の購買意欲を促進した。⑦自由移民政策によって人口が増加した。⑧工業化と都市化の進展によって，生活水準と欲求水準が上昇した。⑨米国人の文盲率が1870年の20％から1900年の10％に低下し，識字能力が向上した。

1851年，船着き場の人夫が，P&Gのロウソクの木箱に大雑把な星印を描いた。買い手がその星を品質の印としていると認識するようになったので，P&Gは全パッケージに星印のラベルを付け，「スター」としてブランド化し，ロイヤルティの支持者を開拓した。ブランドの開発と管理は企業の所有者とトップマネジメントによって推進されていた。ブランドネームと商標の使用が広がる

につれ模倣と偽造が多く出回るようになった。

　1870年に米国初の連邦商標法を制定し，トレードマークとラベルを分離するという決定を下し，1890年までに各国において商標法が制定された。

（2）第2期：1915～1985年：販売志向時代（ブランドの多様化と管理）

a）1915～1929年：マス・マーケティングされるブランドの台頭

　この時期において製造業者ブランドはアメリカ全土にわたって定着し消費者に受け入れられるようになった。企業のマーケティング手法も進歩し，デザインの専門家が商標の選定に携わりマーケティング調査が重要になった。

b）1930～1945年：製造業者ブランドへの挑戦

　1929年の大恐慌により，価格志向の高まりによって市場支配力は製造業者ブランドから小売業者ブランドへシフトし，広告は欺瞞的であると非難された。1938年ホイーラー・リー修正法が連邦取引委員会（FTC）に広告活動を規制する権限が与えられた。1946年ランナム法によってサービス・マークと組合ラベルやクラブ・エンブレムといった団体マークを政府登録することが可能となった。

c）1946～1985年：ブランド管理基準の確立

　1945年第二次世界大戦後，景気の上昇とともに個人所得は増加し，人口増加率の上昇とともに市場の需要は拡大した。中流階級増加によりナショナルブランドに対する需要が増加しブランド管理システムを採用した。ブランド・マネジャーは①ブランドへの最善の努力，②状況判断能力と解決策発見能力，③創造的なアイデアを生み出す能力と，他者のアイデアを受け入れる柔軟性，④不確実な環境下での意思決定能力，⑤プロジェクトの遂行に当たり，組織全体の支援を得る能力，⑥優れたコミュニケーション能力，⑦行動力，⑧多くのタスクを同時に処理する能力を必要とした。

（3）第3期：1986年～現在（ブランド価値向上：ブランディングにおける新たな課題と機会）

　1950年代から1970年にかけて，ブランド愛顧の構築が進められた。1980年代のM＆Aブームの結果，ウォール街の投資家達は投資益や買収益が過小評価されている企業を探すようになった。貸借対照表に載らない勘定科目であることを考えれば，ブランドはこのような企業において過小評価されている主要な資産の1つであった。ウォール街でこのようなブランドへの関心が持たれた背景

には「強いブランドは企業に大きな収益率と利益率をもたらし，ひいては株主に大きな価値を生み出す」という考えがあり，ブランドの価値は高まった。

　ブランド構築の課題として，①市場の成熟化，②競争の複雑化と激化，③差別化の困難性，④多くのカテゴリーにおけるブランド・ロイヤルティの低下，⑤プライベートブランドの台頭，⑥高まる流通業者のパワー，⑦ブランド愛顧の低下，⑧メディアの分化，⑨短期的成果志向，⑩プロモーション支出の増加，⑪広告支出の減少に直面した。

　以上をまとめると，第1に，南北戦争（1861～1865年）の結果，南部では大農園制度が解体して各種産業が起こり，西部では自営農地法の効果があって開発が進行した。そして大陸横断鉄道の完成（1869年）によって国内市場の統一が促進され製造業者ブランドが広く流通するようになった。第2に，1851年にP&Gがパッケージに星印のラベルをつけ「スター」としてブランド化に成功した。他の製造者も製造業者ブランドを使用するようになった。第3に，1929年の恐慌が市場支配を製造業者ブランドから小売業者ブランドに移行した。第4に，1945年の第2次世界大戦以降，個人所得の増大によりナショナルブランドの需要が増加した。第5に，1980年代のM&Aブームの結果，ブランドを見直しその価値を高めた。

3．ブランドへの関心の高まり

　ヨネックス会長米山稔が日本経済新聞私の履歴書（2005年4月16日）でバトミントンメーカーで無名であったラケットを自社ブランドで製造販売する決意をされた。その後，1964年に国内シェアは30％近くに達し，業界1位となったと述懐している。その間の経営戦略とブランド構築には心を打たれるものがある。ヨネックスのブランド構築については別の機会に譲る。ここでは，ブランドの関心について検討する。

　ブランドへの関心の高まりについて恩蔵直人は2つの理由を挙げている[11]。その第1は1993年5月の『フォーチュン』が「マールボロ」（フィリップ・モリス社）の価格を安いPB商品（プライベートブランド，自主企画）に対抗するため20％引き下げたことによる影響を論じている。その影響によってフィリップ・モリスだけでなく，P&G，コカコーラなど企業の株価が低下してしまっ

た。こうした状況からブランドがPB商品に圧倒されて凋落するのではないかという見方によること。第2はブランド価値を見直し長期にわたって育成させようとする期待感である。このようにブランドへの関心が高まれば，ブランドの問題は製品の問題と切り離して論じる必要がある。その一方で，製品との間に検討すべき課題すなわち製品開発という問題が存在してくることを指摘している。

ブランドが重要視されるようになった市場の背景として田中洋は次のことを挙げている[12]。

①生産技術の発展：製品パリティ化（製品の品質標準化）の結果製品技術以外の差別化をもたらした。②競争の高度化とグローバル化の展開。③消費選択の自由化：規制の撤廃や緩和につれてブランド選択が自由に選択できる環境。④流通パワーの台頭：流通パワーの対抗力としてメーカーのブランド力が問われる。⑤サービス化：サービスの付加価値。⑥企業間の提携戦略：企業同士の連合。⑦株式市場の評価：株式市場からの直接資金調達により，株式市場の評価が重要。⑧タイムベースの技術革新競争の激化：ブランドは市場へのパイオニアにとって後から追随する競争者と区別してくれる役割がある。

アメリカでM&Aブームによって，企業間の提携が活発化し，強いブランドが企業に大きな収益率と利益率をもたらし，ひいては株主に大きな価値を生み出すという考えがあり，ブランドの価値は高まった。このことにより，株式市場の評価を経営者はより注意することになる。

以上のことから，企業は「マールボロ」の価格競争によって企業イメージが低下し，株式市場に影響を与える。企業のよい評判がブランドの価値を左右することが論証された。また，生産技術の発展，流通パワーの台頭によってブランドが重視された。

4．ブランドに対する考え方の変化

ブランド・エクイティの概念がマーケティングで注目されたのは，1988年にMSI（Marketing Science Institute）主催によるカンファレンスが開かれたことによる（Leuthesser, 1988）。ブランド・エクイティを扱ったのはD. A. アーカー（D. A. Aaker）[13]による。ブランド・エクイティの考え方は，ブランドには土地

や建物と同様の価値があり，ブランドは企業の資産の1つである，という考えによる[14]。**ブランド・エクイティ**の構成要素は，ブランド・ロイヤルティ，知覚品質，ブランド連想，ブランド認知，その他のブランド資産などである。ブランド資産が企業に及ぼすよい点は①マーケティング効率の向上，②プレミアム価格を設定することにより，大きなマージンが得られる，③流通業者の協力が得やすい，④競争優位の源泉となる，などが挙げられる。

ブランド資産をブランド・マネジメントに導入した場合の取り組み方について5つの視点から考察することができる[15]。

第1にブランドの意義である。ブランドの基本的な意義は，競争相手と自社製品とを識別することにある。アイデンティティとしての意義が，ブランドの中心に位置していた。ところが，ブランド資産の考え方によるとブランドの第一義は資産となる。となると，競争相手との差別化の手段という捉え方でブランドをマネジメントするのでなく，資産という考え方でマネジメントしなければならなくなる。第2にプロモーション費用はコストの性格であったがブランドを資産と考えるとブランドへの投資と考えられる。費用から資産と考えると投資となる。第3に利益の収穫期間である。短期に利益を得ることから，長期にブランドを育成する必要がある。第4に競争面の貢献である。競争は差別化が中心であったが，ブランドが資産であれば競争は差別化だけでなく，マーケティング効率の向上とともにマージンを高くさせ，競争優位の源泉となる。これは経営資源と捉えるべきである。第5にマネジメントの志向は，管理志向から戦略志向に変化する。

青木幸弘は「ブランド構築の意味と意義：その基本的視点」のなかで，マーケティング構築の意味や意義を考察した後，小林哲の①製品とブランドとの間で手段―目的関係の逆転が起こっている点，②持続的競争優位の源泉としてブランドを捉えている点から新たなブランド認識が示されていると紹介し，表4-2のように従来型マーケティングとブランド志向型マーケティングを対比してまとめている[16]。

表4-2のように，ブランドに対する考え方の変化は企業のマーケティング志向を根本から変えるものとなっている。

なお，ブランド資産とブランド・エクイティは同じ用語として用いている。

表4-2 従来型マーケティングとブランド志向型マーケティング比較

	従来マーケティング	ブランド志向型マーケティング
基本単位	製品	ブランド
基本課題	「売れる」仕組みづくり	「売れ続ける」仕組みづくり
ブランドの位置づけ	マーケティングの手段	マーケティングの起点
戦略レベル	事業レベル	全社レベル
タイムスパン	短期的	中・長期的
主なマーケティング要素	製品開発	コミュニケーション
マーケティング支出	コスト	投資

(出所) 小林（1999）を一部修正：青木幸弘・岸志津江・田中洋『ブランド構築と広告戦略』日経広告研究所, 2002年, p.71。

第4節　ブランド・エクイティの概要

1．D.A. アーカーのブランド・エクイティの概要

　エクイティ（equity）とは研究社の新英和大辞典によると公平，公正，衡平に基づく裁決，衡平法上の権利（とくに不動産における），株式所有の利権（公債所持者の利権と区別して），財産物件の純価（担保・課税などを差し引いた価格），（債権額を差し引いた）抵当物件の純価と解説されている。この意味からすれば，ブランド・エクイティは一般的にブランド・財産と解釈できる。財務・会計的には資産額からそれを取得するのに要した負債額を差し引いた「正味財産」ないし「持分」のことである。この解釈から「ブランド・エクイティ」は「ブランド資産」あるいは「ブランド資産価値」と訳されている[17]。ブランド・エクイティの概念について青木は「ブランド研究の系譜：その過去，現在，未来」のなかで，バーワイス（Barwise, P.）らの所説を紹介している[18]。すなわち，ブランド・エクイティ概念がアメリカで問題となった背景について①80年代に盛んに行われたM＆Aの結果，売買の対象としての「ブランド」の資産評価の問題が重要になった（ブランドが簿価の数倍から十数倍で売買される中で，その資産価値への素朴な疑問・関心が生まれた），②短期的成果を主眼に置いた価格プロモーションやコスト節約的な安易なブランド拡張（brand extension）が結果的にブランド・イメージを傷つけ，そのことに対する危機感が高まった（反対に，ブランド・イメージの維持・管理を適切に行った企業

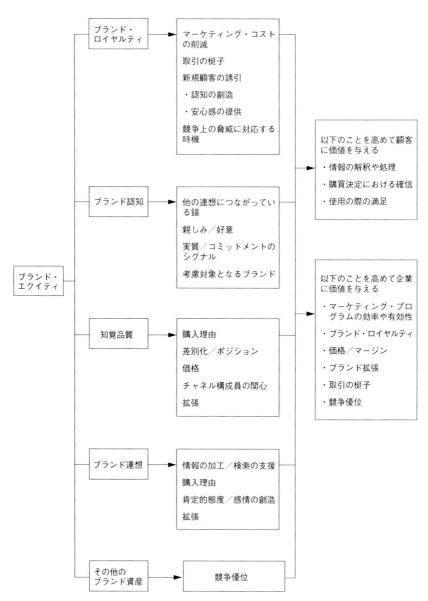

(出所) D.A. アーカー, 陶山計介・小林哲・梅本春夫・石垣智徳訳『ブランド優位の戦略』ダイヤモンド社, 1997年, p.11。

図4-1　ブランド・エクイティはどのようにして価値を生んだか

が業績を伸ばした），ことを指摘している。

　ブランド研究で有名なアーカーは，ブランド・エクイティを次のように定義し解説している[19]。

　ブランド・エクイティとは「ブランドの名前やシンボルと結びついた資産（および負債）の集合」であり，製品やサービスによって企業やその顧客に提供される価値を増大（あるいは減少）させる。その「主要な資産」は①ブランド認知，②ブランド・ロイヤルティ，③知覚品質，④ブランド連想である。この定義について，次のように説明している。それは第1に，ブランド・エクイティは資産の集合である。この管理にはこれらの資産を創造したり高めたりするための投資が含まれる。主な資産として⑤「その他のブランド資産」である（図4-1参照）。これはブランドに付随するチャネル関係や特許のような資産である。第2は，ブランド・エクイティの各資産は，さまざまな方法で価値を創造する。図4-1に示すブランド・エクイティがどのようにして価値を生んだかをみると，「ブランド・ロイヤルティ」の場合は，ブランドへの愛着が強いとマーケティング・コストが削減される。「ブランド認知」はブランドが良く知られていれば親しみや好感がもたれる。「知覚品質」は消費者がもつ品質イメージが高いと購入理由となる。「ブランド連想」ほ価値あるブランドであれば連想されるイメージが高く感情的か豊かになる。「その他のブランド資産」は特許など法的に競争優位となる。第3は，ブランド・エクイティは，企業と同様に，顧客にとっても価値を創造する。顧客の言葉は最終ユーザーと産業ユーザーの双方を意味する。第4に，ブランド・エクイティの基礎をなす資産と負債は，ブランドの名前やシンボルと結びついていなければならない。

　ケラーはブランド・エクイティを消費者の視点から「顧客ベースのブランド・エクイティとは，あるブランドのマーケティングに対応する消費者の反応に，ブランド知識が及ぼす効果の違い」と定義している[20]。この定義は，①「効果の違い」，②「ブランド知識」，③「マーケティングへの消費者反応」という要素で構成されている。ブランドがポジティブな顧客ベースのブランド・エクイティを有するのは，ブランドが消費者に対して反応が明らかになったときである。この消費者の反応の差異は，ブランドに関する消費者知識や消費者の心のなかに依存し，消費者の反応の違いは，ブランドのマーケティング活動と結び

ついた知覚，選好，行動のなかに表れる。

　ブランド知識は連想ネットワーク型記憶モデルの観点からノード（蓄積した情報や概念）とノードを記憶内で結びつけるリンクネットワーク（リンク：この情報や概念間の連想の強さ）として定義される。このモデルにおけるブランド知識の構成要素はブランド認知とブランドイメージである。ブランド認知は記憶内におけるブランドのノードや痕跡の強さと関係しており，さまざまな状況下において当該ブランドを識別する消費者の能力を反映したものである。ブランドイメージとは，あるブランドに対する消費者の知覚であり，消費者の記憶内で抱かれるブランド連想を反映するものとして定義されている。

　アーカーとケラーのブランド・エクイティの定義を整理すると，アーカーの定義は「ブランドの名前やシンボルと結びついた資産（および負債）の集合」であり，製品やサービスによって企業やその顧客に提供される価値を増大（あるいは減少）させる。その「主要な資産」は①ブランド認知，②ブランド・ロイヤルティ，③知覚品質，④ブランド連想，⑤その他のブランドである。ケラーは「顧客ベースのブランド・エクイティとは，あるブランドのマーケティングに対応する消費者の反応に，ブランド知識が及ぼす効果の違い」と定義している。その要素は①「効果の違い」，②「ブランド知識」，③「マーケティングへの消費者反応」という構成になっている。

　両者の特徴はまず第1に，視点を比較するとアーカーは製造業の立場からケラーは消費者の視点から定義していること，第2に，企業活動の結果からいえば，アーカーは財務的視点と伺える会計用語として資産と位置付けているが，ケラーはマーケティング戦略の視点から費用的側面が強く出ている。両者ともに心理学に依存していることをあげることができる。

　アーカーのブランド・エクイティの資産の内容をまとめると次のようになっている[21]（図4-1参照）。

①ブランド・ロイヤルティ：ブランド・ロイヤルティは第3のブランド資産の範囲である。企業に対するブランドの価値は顧客のロイヤルティによって大きく創造される。ロイヤルティを資産として考慮することが，ブランド・エクイティを創造したり高めたり強めたりするのに役にたつ。それがロイヤルティを構築するプログラムを助成したり正当化することになる。

②ブランド認知：消費者の心のなかにおけるブランドの存在感の強さを示すものである。ブランドの名前を知っていれば，親しみと好感がもたれる。そうすれば買ってもらえるチャンスが多い。ブランド再認は過去にこのブランドを見たことがあるので，親しみを反映する。ブランド再生はある特定の製品を言ったとき，思い出せる商品やブランドを想起することである。

③知覚品質：ブランド資産を高めるブランド連想である。知覚品質は顧客が最も重視する要素である。財務の成果を示し，ビジネスを戦略的に進める要素である。知覚品質は他の資産と連結されている。

④ブランド連想：ブランド連想は，ブランド・アイデンティティによってドライブされる。企業や組織がブランドを顧客の心のなかで表すことを望んでいる。

⑤その他：法的保護：登録商標，商標法，特許法，競争優位。

各資産要素は情報の解釈や処理，購買決定における確信，使用の際の満足，マーケティング・プログラムの効率や有効性，ブランドロイヤルティ，ブランド拡張などを高めて顧客に価値を与えている。

2．K.L.ケラーのブランド・エクイティの概要

強いブランドを構築することはたやすいことではない。**アーカーによればブランド構築を困難にするには次の理由があるとしている**[22]。①価格競争の圧力は，ブランド構築の動機づけに直接影響する。②競争相手の増加により，可能なポジショニングの選択肢が減少し，ブランド構築を実行する場合の有効性を低める。③市場やメディアの分裂，④ブランド戦略と関係の複雑化，⑤健全なブランド戦略を変えようという，抵抗しがたい内的圧力が存在する，⑥革新に反対する偏向，⑦ブランドが強いとき，成果を改善したり，事業多角化に資金を必要とするため中核事業への投資を減らす誘惑が発生する，⑧短期的成果への圧力はブランドへの投資の基礎を危うくする。

以上のような理由でブランド構築は困難であるとしている。しかし，自動車市場におけるサターンのブランド構築活動の事例を挙げ実行可能であると論証している。

次にケラーによるブランドの価値を高めブランド・エクイティを構築する要

因を見てみよう。その要因は，①ブランドを構築する要素やブランド・アイデンティティの最初の選択，②支援的マーケティング・プログラム，そして当該ブランドがそのプログラムへ統合される方法，③当該ブランドを他のモノと結びつけることで，新たに形成される連想（例えば，企業，流通チャネル，他のブランドなど）を挙げている[23]。顧客ベースのブランド・エクイティの構築のために「手段と目的」，「知識効果」，「ベネフィット」の関係を示したのが図4-2である。以下に**ケラーによる顧客ベースのブランド・エクイティの概要**について述べる。（図4-2参照）

①**ブランド要素**とは製品の識別や差別化に役立つ視覚的，言語的な情報である。それは，ブランド・ネーム，ロゴ，シンボル，キャラクター，パッケージ，スローガンである。これらの要素はブランド認知を高め，強く，好ましく，ユニークなブランド連想を形成するために選択される。ブランド要素はⅰ）記憶可能性：再認されやすく，再生されやすいこと，ⅱ）意味性：視覚的・言語的イメージにおいて楽しく，興味深く，豊かであり，信頼性があること，ⅲ）移転可能性：地理的境界，文化を越えて利用できること，ⅳ）適合可能性：柔軟性に富む，ⅴ）防御可能性：法的に安全であること，などの基準で選択される[24]。

②**マーケティング・プログラムの開発**：支援的マーケティング・プログラムへの統合：ブランド・エクイティの効果をあげるため，製品戦略，価格戦略，チャネル戦略，コミュニケーション戦略のマーケティング・ミックスが統合され検討される[25]。製品戦略はブランド・エクイティの根本であるから，製造企画の段階で好ましさや，強さのブランド連想の創造がかぎとなる。価格戦略は価格変更，価格水準との強い連想を生み出す。消費者は価格と品質との関係を連想する。チャネル戦略について，消費者は小売店にサービスの質に基づいてイメージを有する。小売業者はブランドを目立たせて陳列することにより認知度を高めたり，ブランド連想における類似点と相違点の強化を狙って情報を与えることができる。コミュニケーション戦略は消費者の記憶内にブランドを構築し，ブランドに強く，好ましく，ユニークな連想を結びつけることによって，ブランド・エクイティに貢献することである。

第4章 ブランド情報 59

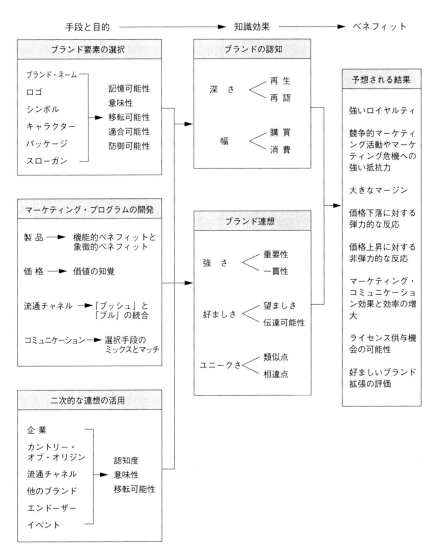

(出所) K. L. ケラー, 恩藏直人・亀井昭宏訳『戦略的ブランド・マネジメント』東急エージェンシー出版部, 2001年, p.102。

図4-2 顧客ベースのブランド・エクイティの構築

③**二次的な連想の活用**：ブランド・エクイティを構築するためには，キャラクター，スポーツや文化イベント，第三者的な人や組織，企業のブランディング戦略，国や地域の表示，チャネル戦略を通じてブランド連想が結びつき，「二次的な」ブランド連想が生み出される[26]。

④**ブランド認知**とは記憶内におけるブランド・ノード（node，節，中心点）や痕跡の強さと関係しており，さまざま状況下においてブランドを識別する消費者の能力を反映したものであり，ブランド再認とブランド再生からなる[27]。ブランド再認とはブランドが示されたとき，過去にそのブランドに接したかどうかを確認できる消費者の能力に依存する。ブランド再生とは消費者が製品の購入や使用の機会が与えられたとき，ブランドを記憶内から検索できるという消費者の能力と関係している。ブランド認知の形成は見たり，聞いたりする「経験」の回数によって記憶が高まる傾向にある。

⑤**ブランド連想**とは，記憶内のブランド・ノードと結びついた別の情報ノード群であり，消費者にとってのブランドの意味を含んでいる。ブランド連想の強さ，好ましさ，ユニークさはブランド・エクイティを作り上げる反応の違いを決定する重要な役割がある[28]。

以上，ブランド・エクイティの概要を見てきたが，顧客ベースのブランド・エクイティの構築が初心者としては理解しやすいと思う。何よりもブランド構築のシステムを実行させる企業経営者の姿勢が企業のブランド価値を向上させることは言うまでもない。

第5節　ブランド階層とブランド戦略

1．ブランド階層

　ブランド階層とは企業のあらゆる製品に注目し，共通しているブランド要素と特有なブランドの数や性質を示すことにより，ブランド要素の序列を明示したものである[29]。この階層により，自社の製品間に見られる潜在的なブランディングの関連性をみることができ，ブランド戦略の有効な手段となる。ブランド階層は2階層，3階層，4階層，5階層とさまざまである。企業ブランド，事業ブランド，ファミリーブランド，個別ブランドの4階層が一般的である。階

表4-3　4つのブランド階層の具体例・体系例

階層名	定義	具体例	企業の体系例
①企業ブランド	企業のすべての製品やサービスに共通したブランド	ミツカン，キヤノン，トヨタ	KIKKOMAN
②事業ブランド	企業の特定事業の製品やサービス全てに共通したブランド	National, Panasonic, デルモンテ	マンズワイン，デルモンテ
③ファミリーブランド	複数のカテゴリーに属する製品群に共通したブランド	植物物語，ソニー「man」シリーズ	キッコーマン，マンジョウ
④個別ブランド	個々の商品やサービスに適用されたブランド	カップヌードル，スーパードライ	しょうゆ，つゆ・だし，調味料，みりん，酒・焼酎，ワイン，ケチャップ・飲料・缶詰

(出所)（株）博報堂ブランドコンサルティング『図解でわかるブランドマーケティング』日本能率協会マネジメントセンター，2003年，p.103，p.117を参照して作成。

表4-4　5つのブランド階層と具体例

ブランド階層	製品の階層	自動車の例
① 企業ブランド名	企業	トヨタ
② 製品の総称（レンジブランド名）	製品クラス（事業部）	乗用車
③ ファミリーブランド名	製品ライン	カローラ
④ 個別ブランド（商品ブランド名）	ブランド	カローラワゴン
⑤ 製品仕様名（属性ブランド名）	モデル 形式・型番	カローラフィールダー

(出所) 小川孔輔『よくわかるブランド戦略』日本実業出版社，2001年，p.93。

　層化されたブランドはお互いに価値を高め，各階層の中で一定の役割を果たしている。企業ブランドが株主，従業員，顧客，取引先，大衆などのステークホルダーに品質や信頼の証としてサブブランド（個別ブランド）の品質を保証する。商品やサービスの個性を象徴する下位のサブブランドが消費者に購買刺激を与えることによって企業ブランドの価値も向上する[30]。4階層とその具体例は表4-3，5つの階層と具体例は表4-4に示した。

2階層の事例，それも個別ブランドの成功例として永和工業のデザイナーズブランド「Kenner」を挙げよう。このデザイナーズブランド製品の代表は，ペットの「DNAペンダント」であり，これを開発し販売した企業である永和工業は，愛知県稲沢市に本社を置く中小企業である[31]。企業ブランドは無名に近かった。しかし開発した「DNAペンダント」が地元の新聞，テレビなどのマスコミに紹介された。その結果，地元のみならず日本全国から「DNAペンダント」の注文が殺到しているそうである。

　この他，ブランド階層はいろいろ分類できるがヨーロッパのブランド研究者である**J.N.カップフェラーの分類**を紹介しておこう[32]。

①製品ブランド：個々のポジショニングを与えるために，単一製品に対して排他的な名称を割り振る。例えばP＆Gの衣料用洗剤における「アリエール」「ダッシュ」など。

②ライン・ブランド：さまざまな製品にわたり特定のコンセプトを拡張し，クロス・ブランディングを実施する。乗用車の「ルノー」。

③レンジ・ブランド：同一の効能を有する製品グループに，単一の名称と保証を与える。食品の「グリーン・ジャイアント」。

④アンブレラ・ブランド：市場の異なる複数製品を支援するが，コミュニケーションと保証は個別に対応される。キヤノンのカメラ，複写機。

⑤ソース・ブランド：アンブレラ・ブランドと同じ。各製品には個々の名称が付けられている。「イブ・サン・ローラン」が付けられた香水風デオドランド「ジャズ」。

⑥エンドーサー・ブランド：製品ブランドなどによりグループ化された幅広い製品に対して保証を与える。自動車の「GM」など。

　さらに，Nestle のグローバルブランドの体系のように，ローカルブランド（ブライトなど500種），地域ブランド（ミロ，テースターズチョイスなど45種），世界戦略ブランド（キットカット，コーヒーメイトなど45種），コーポレートブランド（ネスレ，マギー，ブイトーニ）に分類する方法もある[33]。

2．ブランド戦略

　ブランド戦略について田中洋は企業戦略レベルで次のように定義している。

ブランド戦略とは，他のマーケティング目標よりも，ブランドの価値を増大させる目標を優先させてマーケティング活動を計画・実行することである。そしてブランド価値増大の結果として自己の事業活動をより有利に推し進めようと意図するような企業戦略のことである」。そして，ここで「ブランドの価値」を増大させるとは，「強いブランドであるほど，そのブランドが行うマーケティング活動に接触した顧客や利害関係者から，そのブランドのマーケティング活動にとって一層のポジティブなまた，自社にとって有利な反応を引き出せる」ことを意味していると述べている[34]。こうした意味から，企業の経営者は「企業ブランド」の価値向上に力を注いでいる。その考え方は，①個別ブランドに費用をかけるより，企業広告（企業ブランド）として消費者に直接アピールしたほうが企業イメージの向上にもなるしコミュニケーションの効率が良いこと，②企業イメージ，ブランド向上が自社の商品やサービスの信頼を得ること，③企業ブランド向上が社員のモチベーションを高めることが意図されているからである[35]。

　さらに，**企業にとってブランドを構築することは売り手にとって，次のような利点がある**。①注文処理や問題を発見しやすく，②商標など法的に保護することができ，③ブランディングによって，ロイヤルで収益性の高い顧客をひきつけられる。売り手は競争を回避することができ，④ブランディングによって，売り手は市場をセグメントすることができ，①強力なブランドは企業イメージをつくる手助けをし，さらなる新ブランドの立ち上げと流通業者や消費者の支持獲得を容易にすることができるからである[36]。

　企業経営者のブランド戦略の事例として，カゴメが1998年にまとめた中期経営計画も柱の一つにブランド重視を挙げていることや喜岡浩二社長の経営姿勢からも窺える（日本経済新聞 2003／7／28）。ブラザー工業・安井義博会長が「ブラザー」というブランド名に情報通信を回答する回答者が，欧米では85％に達しているのに，日本の国内では10％にも満たっていない。国内では「ミシンのブラザー」というイメージが強い。ミシンは全体の15％程度のシェアである。事業内容とブランドのギャップが経営課題としている（日本経済新聞 2005／6／10 夕刊）。

　次に，**ブランドに絞り込んだマーケティング戦略としてのブランド戦略の概**

要を表4-5ブランドの基本戦略マトリックスを参考に概説する[37]。

表4-5　ブランドの基本戦略マトリックス

	既存ブランド	新規ブランド
既存市場	ブランド強化 ・流通やプロモーションの見直し ・丁度可知差異を考慮した製品改良	ブランド変更 ・市場へのブランド浸透 ・過去のブランド・イメージとの切り離し
新規市場	ブランド・リポジショニング ・新しいブランド・コンセプトを消費者に伝える ・反復的なプロモーション	ブランド開発 ・先発者であれば，ブランド連想の確立とブランド名声の維持 ・後発者であれば，ブランドの差別化

(出所) 恩蔵直人『競争優位のブランド戦略』日本経済新聞社, 1999年, p.35。

①**ブランド開発**（ハイリスク・ハイリターン型）：新しい市場に向けて新しいブランドを導入することで，組織に刺激を与え，競争優位を獲得している。ブランド資産ゼロでスタートするだけにリスクは大きいが，最初に市場を開拓すれば先発者の優位を獲得できる。飲料業界，食品業界に見られる。大塚製薬は「ポカリスエット」によって缶入りスポーツドリンク飲料の市場，「ファイブミニ」によって機能性飲料の市場を「カロリーメイト」によって簡易食の市場を開発した。

②**ブランド強化**：消費者における認知率が低かったり，店頭でのフェイスが不十分な場合にブランド強化を行う。これには広告，セールス・プロモーションなどのマーケティングミックスの展開が必要である。また，ブランドの属性やパッケージ面における微調整によってブランドの陳腐化を防ぐこともある。ロッテの「グリーンガム」に見られる。

③**ブランド・リポジショニング**：ブランド変更をするのではなく，メインとする対象市場を変える。ギフト市場から業務市場，家庭市場から業務市場，高所得者市場から中・低所得者市場，スポーツ飲料市場から清涼飲料市場への拡大などが考えられるように，既存の中から競争を避けるために対象市場を新たな市場へとシフトして成果を高める。大塚製薬の「ポカリスエット」がスポーツ飲料市場から清涼飲料市場に拡大したり，サントリーの

「ロイヤル」がギフト市場から業務市場にシフトしたことが挙げられる。

④**ブランド変更**：同一市場をターゲットとするが，ブランドを新規なものへと変更する戦略である。この戦略は購買者にブランドの「鮮度」観を推持する効果があるが，今まで築き上げたブランド・ロイヤルティ，ブランド認知，ブランド連想などを放棄し，ゼロからのスタートとなる。アサヒビール飲料の「香る紅茶」は「ティークオリティ」とブランドが変更されている例がある。

ブランド・エクイティを考慮した戦略として，ブランド拡張戦略，メガブランド戦略，ブランド・グルーピング戦略，ブランド連想戦略，ブランド資産の配分戦略を挙げることができる。これらをまとめると次のようになる[38]。

①**ブランド拡張戦略**とは確立されているブランド資産を利用する。戦略の特徴は製品ラインを拡張することであり，新製品の導入を容易にする。

②**メガブランド戦略**とはブランド拡張戦略の発展型であるから，確立されているブランド資産を利用する。戦略の特徴は製品ラインの拡張とブランド拡張戦略の延長である。強力なブランドを築くことを狙う。

③**ブランド・グルーピング戦略**とはブランド資産を統合することによってブランドへ限られた経営資源を集中し，明確なブランド・イメージを確立することである。戦略の狙いはコミュニケーション効率やマーケティング効率を高めることや商品が消費者にもわかりやすく混乱を防ぐことである。

④**ブランド連想戦略**とはブランド・エクイティの構成要素の１つである。ある事柄にブランドを結びつけること，例えば「ナイキ」といえば，テニス・シューズ，バスケット・シューズという製品，マイケル・ジョーダンという選手をブランドから連想する。ドライビールといえば「アサヒスーパードライ」が連想されるからブランド連想は双方向で考える必要がある。戦略の狙いは効率のよいブランド拡張を行なう局面であったり，ブランドが属している製品カテゴリーの衰退からブランドを守ることやプロモーション手段としてブランド連想を利用することである。

⑤**ブランド資産の配分戦略**とはブランド数の増加により，ブランド間，特徴を明確にしなければならない。そのため適切な資源配分が必要となる。資源配分には市場成長率，相対的市場シェアを用いたポートフォリオ分析が

用いられる。この分析では，消費者からみた自社ブランドの相対的な位置関係，ブランド間のシナジーフルライン戦略の実現に欠落しているブランド・ポジション，グルーピングすべきブランドを把握することができない。自社ブランドをポジショニングする戦略的な狙いは投資すべきブランドを浮かび上がらせることやライン構成の把握である。ポジショニングを用いた資産配分戦略の例として，キリンビールが89年より実施している「ビールテイストマップ」が有名である。このマップからブランドの相対的な位置関係，グルーピングすべきブランドの群，各ブランドの資産配分などの資料となっている。

さらにブランド階層のどの階層を軸に市場でブランド戦略を展開するかによって，単一ブランド戦略，複合ブランド戦略，個別ブランド戦略に分けることができる[39]。

① **単一ブランド戦略**とは自社の全商品を１つのシングルブランドの傘で統一する。イメージの統一によるマーケティングコストの効率化が図れるが，個別商品の失敗が企業ブランド全体に影響しやすい欠点がある。例としてCanon，ゼロックスが挙げられる。

② **複合ブランド戦略**とは企業（事業）ブランドと個別（ファミリー）ブランドの組み合わせである。企業ブランドと個別ブランド間のシナジーにより市場の状況に応じたブランド展開ができるが，ブランド資産強化の方向性に一貫性がなくなる恐れがある。典型例としてトヨタマークⅡ，キリン一番絞りなどがある。

③ **個別ブランド戦略**とは，製品やサービスのひとつひとつに独自のポジショニングとブランド名を付して，個別に独立させてプロモートする戦略である。個別ブランドの失敗が他のブランドや企業ブランド全体に影響しにくい利点があるが，新ブランドを投入するたびに個別にマーケティング投資が必要となりコストがかかる。個別ブランドの成功が企業のイメージ全体に寄与しない欠点がある。典型例として P&G，フィリップモリスなどがある。

ブランド戦略は長期的に育成したり投資するといった考えでなく，短期的な

方針でブランドをマネジメントしていたためブランド戦略について議論が不足していた。ブランド・エクイティが競争優位の源泉であることやブランド・エクイティが実業界で深まれば，ブランドをマネジメントせざるを得ないと指摘できる[40]。ブランド・マネジメントにあたっては，マーケティングの基軸を「製品・サービスにおく」か「ブランドにおく」かによってブランドの活用・育成が異なる。すなわちマーケティングの基軸を「製品・サービスにおく」場合はブランドが商品やサービスのプロモーションとして活用される。この場合のブランドは認知，連想の育成より，商品の売上が優先される。これに対して，ブランドを基軸としたマーケティングでは中長期的にブランドの価値を高めていくことがマーケティングの目標となり，ブランドを育成しようとする発想がマーケティングに持ち込まれる。このブランドを機軸として取り組むのが「ブランド価値経営」である[41]。

注

1) K.L.ケラー，恩蔵直人・亀井昭宏訳『戦略的ブランド・マネジメント』東急エージェンシー出版部，2001年，p.72。
2) 同上書，p.37。
3) 経済産業省企業法制研究会「ブランド価値評価研究会報告書」2002年6月24日，p.8。
4) T.ハニングトン，櫻井通晴・伊藤和憲・大柳康司監訳『コーポレート・レピュテーション：測定と管理』ダイヤモンド社，2005年，p.54。
5) K.L.ケラー，前掲書，pp.44-46
   P.コトラー，恩蔵直人監修『コトラーのマーケティング・マネジメント』株式会社ピアソン・エデュケーション，2001年，p.503。
6) ブレインゲイト（株）『図解でわかるブランディング』日本能率協会マネジメントセンター，2002年，pp.26-31。
7) 青木幸弘・恩蔵直人編『製品・ブランド戦略』有斐閣，2004年，pp.10-11。
8) K.L.ケラー，前掲書，pp.60-61。
   K. L. Keller, *op. cit.*, pp.25-31。
9) 加藤勇夫『マーケティングアプローチ論』白桃書房，1982年，p.11。
10) K.L.ケラー，前掲音，pp.61-65。
    K. L. Keller, *Strategic Brand Management-Building, Measuring, and Managing Brand Equity*, prentice Hall, Inc. 1998., pp.27-30。

11) 恩蔵直人『競争優位のブランド戦略』日本経済新聞社，1999年，pp.1-2。
12) 青木幸弘・岸志津江・田中洋『ブランド構築と広告戦略』日経広告研究所，2002年，pp.11-13。
13) D. A. アーカー，陶山計介・中田善啓・尾崎久仁博・小林哲訳『ブランド・エクイティ戦略』ダイヤモンド社，1994年。
14) 恩蔵直人，前掲書，pp.67-70。
15) 同上書，pp.71-73。
16) 青木幸弘・岸志津江・田中洋，前掲書，pp.71-72。
17) 同上書，p.28。神戸大学経営学部会計学研究編『会計学辞典（第4版）』同文舘，1984年。
18) 同上書，p.28。
19) D. A. アーカー，陶山計介・小林哲・梅本春夫・石垣智徳訳『ブランド優位の戦略』ダイヤモンド社，1997年，pp.9-10。
A. Aaker, *Building Strong Bounds*, The Free Press, a devision of Simon & Schuster, inc. 1996年，pp.7-。
20) K. L. ケラー，前掲書，pp.78-82。
21) D. A. アーカー，前掲書，1997年，pp.11-32。
22) 同上書，pp.33-34。
23) K. L. ケラー，前掲審，p.101。
24) 同上書，pp.101-102。
25) 同上書，pp.103-106。
26) 同上書，p.107。
27) 同上書，pp.125-130。
28) 同上書，p.131。
29) 同上書，p.469。
30) （株）博報堂ブランドコンサルティング『図解てわかるブランドマネジメントのすすめ方』日本能率協会マネジメントセンター，2002年，p.106。
31) 株式会社　永和工業，所在地：愛知県稲沢市野崎町手ヶ島0－1森健次社長と名古屋大学医学部岡田邦彦氏とのコラボレーションにより開発商品化。
32) K. L. ケラー，前掲書，pp.469-470。
33) （株）博報堂ブランドコンサルティング，『図解でわかるブランドマーケティング』，2003年，p.123。
34) 青木幸弘・岸志津江・田中洋，前掲書，pp.6-8。
35) 小川孔輔『よくわかるブランド戦略』日本実業出版社，2001年，pp.96-97。
36) P. コトラー，前掲書，p.503。
37) 恩蔵直人，前掲書，pp.34-43。

38) 同上書, pp.88-104。
39) (株)博報堂ブランドコンサルティング,『図解でわかるブランドマネジメントのすすめ方』, 2002年, pp.108-109。
40) 恩蔵直人, 前掲書, p.104。
41) 石井淳蔵・嶋口充輝・余田拓郎・栗木契『ゼミナールマーケティング入門』日本経済社, 2004年, pp.447-450。

豆知識　ブランドは誰が設定したかで、2つに分けられる。

(1) ナショナルブランド (national brand：NB)：製造業者が所有・管理するブランド。販売地域が全国的。知名度が高い。品質が重視され、価格はPBより高めに設定されている。

(2) プライベートブランド (private brand：PB)：製造業者ではなく、小売業者や卸売業者である流通業者が所有・管理するブランドをいう。低い価格を設定し、安さや経済性で対抗する。

(3) カップめんのNBとPBの価格違い

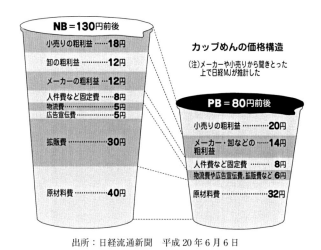

出所：日経流通新聞　平成20年6月6日

第5章　価格情報[1]

第1節　価格の概念

　経済学では個別価格の決定には，価値論から2つの視点があった。生産者の側から見た場合は，一財の交換価値がその生産に要する費用あるいは労働量によって決まる（労働価値説）と消費者の側から見た，財の交換価値が消費者あるいは消費者の心理的欲望に基づく効用の量によって決まる（効用価値説）とする考え方である。これに対して，価値に影響するのは，原則として短期においては効用であり，長期においては生産費であるとする需要供給説が打ち立てられた（伊藤善市『現代人の経済学』有斐閣　1974年　p.126-129）。

　消費者はある商品に効用があると知覚すると，その商品を購入する。効用は消費者が望む満足に対する商品やサービスの貢献度である。価格は消費者の評価の基準である。企業では消費者に対する貨幣的表現であり，売上高の基礎となるものである。マーケティング視点ではスタントンによれば，「**価格**とは，商品やサービスについて評価された価値を表すものである。価格は他の商品とそれにともなうサービスの結合体を得るに必要な貨幣および商品の額であるとしている[2]。宮原義友は「価格は単なる商品の形態的効用に対する金銭的表示ではなく，その商品を購入するために費やされる時間など購入のための便宜性やその商品を所有することによって効用をも含んだ金銭的表示である」としている[3]。

　価格はそれが決定される方法によって，競争価格，管理価格，統制価格に分類できる[4]。競争価格とは，完全競争もしくはそれに近い競争状態の下で決定される価格である。現実には厳密に完全競争が成立する事例はほとんど存在していない。完全競争に比較的近い形で価格が決まる例としては株式，外国為替，綿花をあげることができる。管理価格とは，不完全競争の下で企業の価格政策によって決定される価格である。企業の価格政策の対象となる価格は不完全競争下の管理価格であり，価格決定に自由裁量の余地のない競争価格や統制価格は対象になりないことになる。統制価格とは政府等の行政官庁によって統制される価格である。例えば郵便，たばこ，塩，水道料金などがある。

価格はコスト・プラス・単位当たり利潤といったもので決まるものではなく，また需要と供給関係によって決まるものでもない。多くの要素が影響して価格がきまる。主な要素はコスト，競争，製品，需要であるが，このほか市場慣習（キャラメルなどの慣習価格），流通業者へのマージンによって流通業者，販売方法（運賃の負担部分），業界全体の競争，独占禁止法との関連などの法規制などが影響を与える[5]。

第2節　価格決定の手順

　企業は価格決定にあたり，コスト，市場の性格，競争者の価格，供給などの要因を考慮しながら，商品に関する基本的価格を決定するため，論理的かつ体系的な手順に従って作業を進めていく必要がある。A. R. オクセンフェルト（A. R. Oxenfeldt）は**多段式価格決定法**（multi-stage approach to pricing）を提唱した。この方法は，つぎの6段階に分け，価格決定とマーケティング・ミックスの要素とを関連づけながら，段階的に順序だてて価格決定を行うものである[6]。

　①市場標的の選定（select market target）
　②ブランド・イメージの選択（select brand image）
　③マーケティング・ミックスの選定（select marketing mix）
　④価格決定政策の選定（select price policy）
　⑤価格決定戦略の選定（select price strategy）
　⑥特定価格の選定（select specific price）

　この価格決定の各段階についてレビューする。まず，マーケティング・リサーチ（marketing research）をもとに自社企業や競争企業の商品，能力，資源を分析して市場標的を明確にする。つぎに，それをもとにブランド・イメージを確立し，さらにマーケティング・ミックスに関する基本方針として，価格中心でいくか非価格中心でいくかを決める。こうして，マーケティング・ミックスのなかでプライシングの果たす役割を明らかにしたのち，プライシングに関する基本目標，たとえば，競争企業の価格との関係や価格差別に関する目標を，この段階までの手順との整合に留意しながら価格を決定する。

第3節　価格決定の基本的な方法

表5-1は価格決定における考慮事項を示している。製品コストが価格の最低水準を決め，消費者が認めた製品の価値が価格の最高水準を決定する。企業は競争企業の価格や社内外の諸要因を考慮して価格の最高水準と最低水準の間にベストな価格を見出さなければならない。価格決定にさいしては価格設定に影響を及ぼす種々の要素を考慮しなければならない。これらの要素をどの程度盛り込むかによって，①コスト，②需要，③競争の3つの要因に基づく価格決定の方法を区分することができる。

1．コスト志向の価格決定法

(1) コスト・プラス法

基本価格を決定するために多くの企業で用いられるアプローチは，大方，つぎの方法のいずれか1つを変形したものである[7]。

・価格は総費用プラス希望利益に基づく。（損益分岐点の分析はこの1つである）
・価格は限界分析に基づく。（市場と需給が考慮される）
・価格は競争市場状態に基づく。

つまり，**コスト・プラス法**は単位当たり希望利益プラス単位当たり総費用イコール製品の価格というように価格を設定するというものである。すなわち，製造原価に一定比率または一定額のマージンを加えて価格を決定するものである。

この方式がよく用いられる理由として，つぎのことがあげられる[8]。①価格決定を行うのに便利である，②需要を予測するのがむずかしいとしても，適正な利益を確保できる，③需要の変化に関係なく安定した価格を決めることがで

表5-1　価格決定にさいしてのおもな考慮事項

〈低い価格〉この価格では可能な利益は存在しない	製品コスト	競争他社の価格と外部，内部の要因	消費者が認めた価値	〈高い価格〉この価格では可能な需要は存在しない

出所：Philip Kotler, Gary Armstrong, *"Marketing An Introduction,"* 1990, p.294 (Figure 11-6).

きる，④一定比率のマージンを加えることは，公正な利益を得ることになる，⑤公正な企業であることを示唆できる。しかしながら，コストの側面からのみ価格が決定され，需要，競争が無視され，コストが過去か現在のものであるということが問題である。

(2) マーク・アップ法

マーク・アップによる価格決定とは，仕入原価に一定のマーク・アップ率（値入れ率）を加算して価格を決定するものである。たとえば，アメリカのスーパーマーケットにおける共通マーク・アップ（原価でなく，価格に対する）は，ベビー・フードが9％，たばこ類が20％となっている。この方法は以下の理由によって人気がある[9]。①販売者は需要よりもコストについて知ることが多い。コストに価格を結び付けることによって，販売者は価格設定を容易にする。すなわち，需要の変化に対してたびたび調整しなくてもよい。②業界におけるすべての企業がこの価格設定法を用いる場合は，価格は同じような傾向になり，価格競争は最小限になる，③購買者と販売者の双方にとって公平である，④販売者は購買者の需要が大きくなるとき，購買者の優位性を損なうことがない。しかも，公正な投下資本利益率も得ることができる。

(3) 損益分岐分析・目標利益価格決定法

目標利益価格決定法は，ある指定された標準的な需要量のもとで，総コストに対する特定の目標利益率を達成するような価格を決定する方法である[10]。この価格決定法はメーカーや公益企業がよく利用する。目標価格決定では損益分岐図表の概念を用いる。損益分岐図表はさまざまな売上量水準において期待される総コストおよび総売上高を示す。図5-1は仮説的な損益分岐図表を示している。固定コストは売上量にかかわらず600万ドルである。総コスト（固定コスト＋変動コスト）は売上量の増加にともなって上昇する。総売上高曲線は0から出発し，売上量が増えるごとに上昇する。総売上高曲線の勾配が価格を示す。ここで，価格は15ドルとなる（たとえば，企業の売上高は80万個の場合に1200万ドルであり，したがって1個当たり15ドルとなる）。15ドルで，企業は少なくとも60万個販売しなくてはならない。これが損益分岐点（総売上高と総コストが等しくなる点P）である。企業が200万ドルの目標利益を求めるならば，1個15ドルの価格で少なくとも80万個を販売しなくてはならない[11]。また

図5-1 目標利益を決定するための損益分岐図表

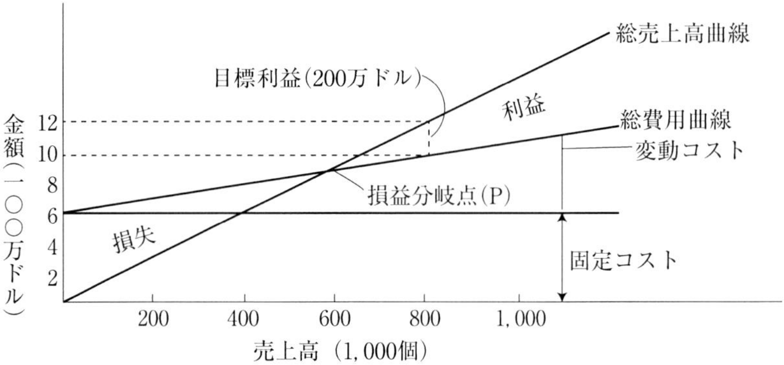

出所：Philip Kotler, Gary Armstrong, *"Marketing An Introduction,"* 2th ed., 1990, p.297（Figure 11-7）．

1個15ドルで40万個しか販売できなければ200万ドルの損失となる。これらのことをまとめると表5-2のようになる。

なお，損益分岐点はつぎの式で求めることもできる。

$$損益分岐点 = \frac{固定コスト}{販売価格 - 単位あたり変動コスト}$$

目標利益価格決定法は需要と平均単位コストがしばしば変動する企業に限って価値がある。問題点としては市場需要を考慮しないことがあげられる。コストに基づく価格決定法としては，ほかに変動マーク・アップ法，実験法，調査法，直観法がある[12]。

表5-2 売上高と利益の関連

単位：ドル

1個当たり	売上量	売上高 A	固定コスト ①	変動コスト ②	総コスト ①+②=B	利益 A−B
15	800,000	12,000,000	6,000,000	4,000,000	10,000,000	2,000,000
15	600,000	9,000,000	6,000,000	3,000,000	9,000,000	0
15	400,000	6,000,000	6,000,000	2,000,000	8,000,000	−2,000,000

2．需要志向の価格決定法

(1) 知覚価値価格決定法

この方法は販売者（seller's）のコストではなく，購買者（buyer's）が知覚する価値によって価格を決定する。企業は購買者の心のなかに知覚価値を形成するために，マーケティング・ミックスにおける非価格変数を用いる。価格は知覚価値に適合するように決定される。この方法には，プロダクト・ポジショニングが適用される。デュポン（Do Pont）はカーペット用合成繊維を開発した場合，キャタピラー（Caterpiller）は建物設備に，それぞれこの価格決定法を用いた[13]。

(2) **価格差別決定法**（需要差別価格決定法）

この方法は，市場区分ごとに異なる価格を設定するものである。同じ商品やサービスについて顧客，製品，時間・時期，場所の条件によって高い価格あるいは低い価格を決定する[14]。

①顧客による価格差別法では，顧客によって同じ商品やサービスに異なる価格を決定する。価格の相違は購買者の支払い能力，交渉能力，購買力による。たとえば，学生に対する割引きやシルバー料金がそれである。

②製品の形態による価格差別法では，製品のスタイル，品質，ブランド，サイズなどの属性が異なる製品に異なる価格を決定する。たとえば，マークⅡの場合，グレーパールマイカは3万円，グリーンM10は5万円になっている。

③時間・時期による価格差別法では，季節によって，昼と夕方などの時間によって異なる価格を設定する。たとえば，時間によるものとして，電話の通話料金を例にあげることができる。

④場所による価格差別法では，スポーツや劇場の座席の位置，オフィスビルのフロアの位置によってその需要の強さが異なるため，位置によって異なる価格を決定する。たとえば，名古屋球場では，オレンジシート3700円，ブルーシート2200円，外野席1400円となっている。

価格差別を実施するにあたり，マーケターは，つぎのことを検討しておかなければならない[15]。①製品特徴と価格が顧客によくわかっていること，②製品の違いが説明できること，③流通業者がすべての商品を保持していること，④法律に基づいていること，などである。

3. 競争志向の価格決定法

競争志向の価格決定法は、企業がコストあるいは需要よりも競争企業の価格を指標として価格を決定するものである。このアプローチでは、自社商品の需要、コストの変化に関係なく、競争企業の顧客、マーケティング・ミックス、顧客のロイヤルティを考慮することによって価格を決定する[16]。これには、現行市場価格による価格決定法と封印入札による価格決定法をあげることができる。

(1) 現行市場による価格決定法（実勢価格決定法）

現行市場による価格決定法では、自社商品のコストや需要に注目せず、競争企業の価格に基づいて価格を決定する。企業は主要な競争企業の価格と同じか、より高いか、より低い価格を決定する。鉄鋼、紙、肥料、ビール業界のような寡占業界では、同様の価格を設定する。小規模企業は、市場のリーダー価格に追随する。追随する企業は自社商品の需要やコストの変化よりも、市場リーダーの価格が変更されたときに変更するといった性質を有する。この方法は人気がある。需要弾力性の測定が困難である場合、企業は、現行市場価格が公正な売上高を生み出すようなものである限り、それは業界の賢明さを示すものであると感じている[17]。

(2) 封印入札による価格決定法

競争志向による価格決定法は、企業が入札によって請負い仕事の契約を獲得しようと競う場合に用いられる。企業は、自社のコストあるいは需要よりも、競争企業がいかなる価格を設定するかということを考えて価格を決定する。入札しようとする企業はその契約を勝ちとることが必要である。そのため、ほかの企業よりも低い価格を設定する。しかし、企業はある水準よりも低い価格を設置することはできない。もし、限界費用を下回った価格であれば、その企業は財務的損失を蒙ることになる。また、逆に高い価格を設定すると契約を得る機会は少なくなる[18]。

(3) 心理的価格決定法

価格の経済学ばかりでなく、価格の心理学もあることを考えなくてはならない。消費者は品質の指標として価格を用いる[19]。心理的価格決定法には威光価格決定法を端数価格決定法がある。

威光価格決定法（image pricing）もしくは名声価格決定法（prestige pricing）とは，消費者が香水とか高級車のように比較的高品質のものを選好し，評価するのに対応して高い価格を設定する方法である。もし，これらの商品の価格を少し下げると，消費者はバーゲン（bargain）とみるかもしれない。価格が安くみえだすと品質について懸念しはじめ，購入を止めるかもしれない[20]。

端数価格決定法（odd-even pricing）とは，商品の価格を1000円，1万円とせず980円，9870円という端数をつけるものであり，消費者の心理効果を狙った価格決定法である。流通業界はギザギザの需要曲線を仮定している。すなわち，消費者は価格が低くなるにつれて少なくなり，魅力ある価格になった場合に購入するものと仮定している[21]。

第4節　価格政策

企業は基本的価格を決定したあと，製品ライフサイクル，地理的なコスト，需要，購買時期，その他の競争的環境の変化に対応する価格設定戦略を樹立する。

1．新製品の価格政策

新製品の価格政策には，上層吸収価格政策と市場浸透価格政策がある[22]。

(1) 上層吸収価格政策

上層吸収価格設定は，製品ライフサイクルの導入期において市場の上層吸収のために初めに高い価格を決定するものである。このため，初期高価格政策（initial high price policy）ともいわれる。この戦略は次のような理由で新製品の価格設定戦略の1つとして意義がある。①製品によっては，そのライフ・サイクルの初期段階で価格はあまり重要ではない。競争は少なく，製品に特徴があるために非価格競争の機会が生じる。②市場は売上高階層別に効果的に区別できる。初めに製品はその特徴に反応する市場セグメントに対して向けられ，そして当該セグメントは価格に比較的敏感ではない。その後，企業は価格を下げることができる。さらに，価格に敏感な市場セグメントに訴えることができる。③価格設定についてのありうる誤りに対するかけつなぎとしての役割を果

たす。もし，初期価格が高く，市場が反応しないなら，企業はそれを容易に下げることができる。ただし，コストをカバーできないほどに，あまりに低い価格を上げることは大変にむずかしい。④初期の高価格によって企業の生産能力の限度内で需要を維持することができる。

(2) **市場浸透価格政策**

市場浸透価格政策は，製品ライフサイクルの導入期において低価格を設定し，多数の購買者を引きつけ，市場占拠率を獲得しようとする戦略である。初期低価格政策（early low price policy）とも呼ばれている。この戦略はつぎのような条件により上層吸収価格設定戦略よりも満足すべきものとなる。①製品は高い弾力的需要をもつこと，②単位当たりコストのかなりの減少は大規模経営により達成できること，③製品が市場に導入された直後，激しい競争に直面すると予測されること。

(3) **模倣的新製品価格政策**

模倣的新製品価格政策は，その製品のポジショニング（positioning）に関わりをもつ。製品の品質と価格をどこに位置づけるかを決定しなければならない。表5-3は製品および品質に関する9つのマーケティング・ミックスの可能性を示したものである。市場リーダーがプレミアム製品を生産し，そして最も高い価格をつけた場合（ボックスA）には，新規参入者は他の戦略の1つを選ぶ，それは，高品質の製品を計画し，中間の価格設定を行う浸透戦略である（ボックスB）。また，平均品質の製品を計画し，平均的な価格を設定する平均戦略（ボックスE）がある。新規参入者はそれぞれのボックスにおいて市場の規模

表5-3 価格および品質についての9つのマーケティング・ミックス戦略

品質	価格		
	高価格	中価格	低価格
高品質	A　プレミアム戦略	B　浸透戦略	C　上質戦略
中品質	D　過剰価格戦略	E　平均戦略	F　良質戦略
低品質	G　ぼろもうけ戦略	H　見せかけ戦略	I　安物戦略

出所：Philip Kotler, Gary Armstrong, *op. cit.*, p.306 (Figure12-1).

とか成長率，競争者を考慮に入れて戦略を決定する[23]。

2．製品ミックス価格政策

　製品に関する価格政策は，さまざまな製品がプロダクト・ミックスの一部分である場合は，それぞれ異なることになることが多い。企業は製品ミックス全体に関する利益を最大にするような価格決定を考える。価格設定は，むずかしい問題である。それは，さまざまな製品が異なる程度の需要，コスト，競争に直面し，相互に関連しているからである[24]。

　(1)　製品ライン価格政策

　アパレルのメーカーや小売業者その他によって用いられる価格設定戦略である。小売店が商品を販売するにあたり，商品が限定された価格帯から選ばれるようにする。これによると消費者の購入意思決定，また，小売業者の商品管理が容易となる[25]。たとえば，あるメーカーの衣料品のチラシ広告をみると，ヤングスーツの欄に1万5000円，2万円，2万5000円，3万円と価格設定されている。仏壇のメーカーは10万円，15万円，25万円，30万円，80万円，100万円と6段階に価格を配置し，単純化している。

　(2)　オプション製品価格政策

　製品とともにオプション品を販売しようとする場合の価格設定戦略である。たとえば，ある車メーカーのエスティマXの場合，本体価格は306万2000円，オプション品10万7000円である（愛車セット1万1700円，フロアマット5万5000円，ナンバーフレーム2400円，サイドバイザー4400円，ハーフカバー1万9000円，オイル5000円，ファーストエイド5000円，コート処理5000円など）。

　(3)　補完製品価格政策

　主要製品とともに用いられる製品（補完製品），たとえば，カミソリの刃，カメラのフィルム，コンピューターのソフトウェアなどの価格設定戦略である。主要な製品（カミソリ，カメラ，コンピューター）のメーカーは，その製品にはしばしば低い価格を設定し，補完製品（刃，フィルム，ソフトウェア）には高い値入れ率を設定する[26]。

　製品ミックス価格設定戦略には，このほかに副産物価格設定戦略（by-product pricing）がある。

3. 割引価格政策

　企業は設定した基本価格について，販売者や顧客に報いるために一定の合理的基準によって調整を行うが，それは割引価格政策・アローアンスと呼ばれ，以下のような形態をとる[27]。

　①現金割引：特定の期間内に支払いをなし仕入れ側に割引きを行うものである。

　②数量割引：特定の販売者から顧客が大部分仕入れをするか，大量に購入するような場合，その販売者の基本価格から割引くものである。これには非累積的割引きと累積的割引きがある。非累積的割引きとは，1つないしそれ以上の製品の注文規模に基づくものである。たとえば，メーカー，卸売業はつぎのように数量割引表を設定するかもしれない。1回の購入量が1〜5個（割引率0％），6〜12個（2.0％），13〜25個（3.5％），25個以上（5.0％）。累積的割引きとは，一定期間の仕入れ総額に基づくものである。

　③業者割引：機能割引きとも呼ばれ，流通業者が遂行するマーケティング機能（販売，保管）に応じて基本価格からの割引きを提供するものである。たとえば，メーカーは400ドルの小売価格を設定し，そこから40〜10％の業者割引きを提供するかもしれない。すなわち，小売業者は卸売業者に240ドル支払い（400ドルの40％引き），そして卸売業者はメーカーに216ドルを支払う（240ドルの10％引き）。卸売業者には40％と10％の割引きが与えられる。卸売業者は卸売機能を遂行するための費用をカバーするために10％の割引きを期待し，小売業者は同様のことから40％の割引きを期待する。

　④季節割引：季節商品，たとえばクーラーを生産している企業は，オフ・シーズンに注文する顧客に割引きを行う。このほか，新幹線の指定席料金は通常500円であるが，閑散期は200円割引きとなっている（繁忙期は200円加算）。

　⑤促進的割引：販売促進的サービスのための割引きで，販売者による値引きが例としてあげられる。

　⑥アローアンス（allowance）：表紙価格からの値引きのまた別タイプである。たとえば，下取りアローアンスは，新製品を購入する場合に，古い製品を下取りすることでの値引きである。

4. 地理的価格政策

　価格設定にさいして販売者は，購買者に製品を輸送するコストについて考慮する必要がある。輸送コストを購買者がすべて負担するか，販売者がすべて負担するか，または両者が分担するかによって，種々の価格戦略が設定される[28]。これを地理的価格設定戦略という。

　(1)　F. O. B. 価格政策（F. O. B. point pricing of production-pricing）：f. o. b. factory あるいは f. o. b. mill プライシングともいわれ，販売者が運賃を負担しない唯一の方法である。販売者は船積みのコストのみ支払う。本船渡し値段であるからである。

　(2)　均一運賃価格政策：購買者の立地に関係なく同一の運賃をもって価格を設定するものである。郵便サービスの価格設定と類似しているので郵便切手式価格設定戦略とも称される。また，運賃は販売者の総コストのわずかな部分を占めるにすぎない。

　(3)　地域価格政策：地域を2つないしそれ以上に分割し，同一地域には同一の価格を設定するが，それより遠い地域にはより高い価格を設定する。これは小売業における価格設定にさいし使用された制度と類似している。たとえば，名古屋のM百貨店は全国便・宅配便の区域を11地区に分けている（ちなみに，愛知・岐阜・三重は500円，北海道は1000円，沖縄は1500円となっている）。

　(4)　運賃吸収価格政策：F. O. B. 価格設定の競争的不利益を相殺するために用いられるものである。企業はF. O. B. 価格に，購買者に近い競争者が適用する運賃を加算して，価格を設定する。この政策は新市場へ浸透するために用いられる。

　(5)　基点価格政策：販売者がある都市を基点と定め，その都市から，商品が実際に出荷される都市のいかんにかかわらず，顧客の所在地までの輸送コストをすべての顧客に請求するものである[29]。基点は単一の場合と複数の場合がみられるが，複数基点の場合には，購買者の近いほうの基点からの運賃によるのが原則となっている。

5．特定価格維持政策

　この政策は，一定価格を公示し，どの顧客にもその価格で販売するというものである。

　(1) **定価政策**（fixed price policy）：商品に一定価格設定し，どの顧客にもこの価格以外で販売することのない政策である。

　(2) **慣習価格政策**（customary price policy）：心理的価格政策（traditionary price policy）の一種であって，チューインガムやキャラメルなどの食料品の価格のように長期間固定化し，顧客が心理的にその価格を慣習的に認めている場合に，価格を上げる代わりに品質，数量を変化させることで価格維持を図る政策である。

　(3) **再販売価格維持政策**（resale price maintenance policy）：ある商品のメーカーや輸入代理店が，その取引先の卸売業者や小売業者に対して，転売する価格（再販売価格）を示し，その価格を守らせようとする政策である。この再販制度は，メーカーの価格安定志向を背景として1953（昭和28）年に創設された。その後，1973（昭和48）年に再販の弊害規制により再販指定品目の大幅な縮小がなされ，1993（平成5）年4月1日には化粧品14品目，医薬品16品目に整理縮小された。書籍，雑誌，新聞などの刊行物，レコード，CDについては依然として再販制度が認められるが，平成10年に見直されることになっている。なお，レコード，CDについては2年後にも見直しをすることになっている。

　化粧品業界では，化粧品の安売りをしていた河内屋（東京・江戸川）に対して，資生堂と鐘紡の系列販売会社が，不当な取引停止，出荷制限を行ったとして，河内屋が両社の販売会社4社を独占禁止法違反（不公正な取引方法の禁止）の疑いで公正取引委員会に申し立てを行った[30]。この申し立ては化粧品の流通系列化，再販売価格維持をめぐる問題として注目をあびている。

6．価格政策と法規制

　公正競争の維持，消費者利益の保護といった観点から，価格決定では独占禁止法が中心となっている。差別対価，不当廉売，再販売価格維持，オープン価格制度，価格カルテル，表示価格。消費者保護の立場から不当な二重価格については，「不当景品類及び不当表示防止法」により罰せられることになっている。

注

1) 中村孝之　小堀雅浩　田口冬樹　松木繁義　石居正雄　城田吉孝　長谷川博　三浦康彦　有馬賢治　浅野清彦　加藤勇夫　寳多国弘『マーケティング論』商学研究社1994年第6章に依拠している。
2) William J. Stanton, Micheal J. Etzel, Bruce J. Walker, *"Fundamental of Marketing,"* 9th ed., McGraw-Hill, 1991, p.241.
3) 出牛正芳・宮沢永光編『最新マーケティング論』ダイヤモンド社，1976年，p.138。
4) 三上富三郎著『現代マーケティング入門』，実教出版，1980，pp.142-145。
5) 三上富三郎著『現代マーケティングの理論』，ダイヤモンド社，1974，pp.220-223。
6) 萩原稔著『基本マーケティング』，同友館，1975，p.157。
7) William J. Stanton, Micheal J. Etzel, Bruce J. Walker, *op. cit.*, p.249.
8) 久保村隆祐・出牛正芳・吉村寿著『マーケティング読本』，東洋経済，1992，pp.177-178。
9) Philip Kotler, Gary Armstrong, *"Marketing An Introduction"*, 2nd ed., Prentice-Hall, 1990, p.296.
10) フィリップ・コトラー著，村田昭治監訳『マーケティング原理』，ダイヤモンド社，1983，p.488。
11) フィリップ・コトラー著，宮沢永光・十合眤・浦郷義郎共訳『マーケティング・エッセンシャルズ』，東海大学出版会，1990，p.299。
Philip Kotler, Gary Armstrong, *op. cit.*, pp.296-297.
12) 深見義一編集代表『マーケティング講座2　価格政策』，有斐閣，1970，pp.105-106。
13) Philip Kotler, *"Marketing Management : Analysis, Planning, Implemention, and Control,"* 6th ed., Prentice-Hall, 1988, pp.506-507.
14) Joel R. Evans, Barry Berman, *"Priciples of Marketing,"* 2nd ed., Macmillan Publishing, 1988, p.398.
15) Joel R. Evans, Barry Berman, *"op. cit.*, p.400.
16) Joel R. Evans, Barry Berman, *"op. cit.*, p.400.
17) Philip Kotler, Gary Armstrong, *op. cit.*, p.298.
Joel R. EvansとBarry Bermanは，この設定法をプライス・リーダーシップ（price leadership）としている。プライス・リーダーシップとは，ある企業が最初に価格変更をすると他の企業も追随する状態をいう。
18) Philip Kotler, Gary Armstrong, *op. cit.*, p.298.
19) Philip Kotler, *op. cit.*, p.510.
20) E. Jerome McCarthy, *op. cit.*, pp.481-482.
21) E. Jerome McCarthy, *op. cit.*, p.483.
22) William J. Stanton, Micheal J. Etzel, Bruce J. Walker, *op. cit.*, pp.284-285.

23) Philip Kotler, Gary Armstrong, *op. cit.*, p.306.
24) Philip Kotler, Gary Armstrong, *op. cit.*, p.306.
25) William J. Stanton, Micheal J. Etzel, Bruce J. Walker, *op. cit.*, p.287.
26) Philip Kotler, Gary Armstrong, *op. cit.*, pp.307-308.
27) William J. Stanton, Micheal J. Etzel, Bruce J. Walker, *op. cit.*, pp.279-280.
 フィリップ・コトラー著, 宮沢永光・十合暁・浦郷義郎共訳『前掲書』, 東海大学出版会, 1990, p.314。
28) William J. Stanton, Micheal J. Etzel, Bruce J. Walker, *op. cit.*, pp.279-280.
29) Philip Kotler, Gary Armstrong, *op. cit.*, p.314.
 フィリップ・コトラー著, 宮沢永光・十合暁・浦郷義郎共訳『前掲書』, 東海大学出版会, 1990, p.314。
30) 日本経済新聞, 平成5年7月28日。

第6章　チャネル情報

第1節　チャネルの意義と役割

1．チャネルとは

　商品の流通をもたらす売買取引は，その結果として，所有権の移転のほか，商品そのものの物的な流れもある。物的な流れは物的流通チャネルと呼んでいる。最近では企業が実行する商品の移動と保管にかかわる活動全般：生産から消費までトータルな効率で考えるロジスティクスの考え方がある[1]。

　流通チャネルとは，P．コトラー＆G．アームストロングによれば「ある製品やサービスが生産者から最終消費者もしくは生産財ユーザーへと動くときに，所有権を取得したり，あるいはその移転の補助をしたりするあらゆる企業と個人の集合である」と定義している[2]。スタントンは「生産者から最終消費者もしくは産業使用者まで商品を移動するときのルート（route）である」としている[3]。J．E．エバンス＆B．バーマン流通は生産者から消費者まで商品の所有権移転や物的移動に関してなされるシステマティクな顧客取引を含むものであるとし，流通機能は流通チャネルを通して遂行される。そして，流通チャネルはプロセスに関わる人々や全ての組織を含む者としている。これらの組織や人々はチャネルメンバーや中間業者であるとしている[4]。

　所有権の移転経路としてのチャネル概念は社会経済的な視点からは消費者にいかに流れているか「流通チャネル」，個別企業の視点からは，いかに流すかを考える，「マーケティングチャネル」というように使い分けることがある[5]。

2．流通チャネルの機能

　流通チャネルの機能には，調査，プロモーション，接触，適合，交渉，物流，財務，リスク負担危険がある[6]。

（1）取引締結機能
・調査（information）：交換を計画したり，それを助成していくための情報収集。
・プロモーション（promotion）：商品についての説得的コミュニケーションを

開発，普及させること。
- 接触（contact）：潜在顧客を探り出し，これと接触していくこと。
- 適合（matching）：購買者の要求に見合うように商品を調整したり適合させたりすること。これには製造，製品の品質評価，組立，包装などの活動が含まれる。
- 交渉（negotiation）：所有権の保有や移転を効果的に成立させるために，価格やその他の取引条件における最終的合意を得ること。

（2）取引実行機能
- 物流（physical distribution）：製品の輸送とその保管。
- 財務（financing）：チャネル機能の遂行に必要とされる資金の調達そその配分。
- リスク負担（risk taking）：チャネル機能の遂行に関連して生じるリスクを引き受けること。

この他，グレイヤーによれば流通は生産者と消費者との間には①空間的・時間的な隔たり，②情報の隔たり，③所有権の隔たり，④価値の隔たり，⑤品揃えの隔たりなどがある。この隔たりを埋めるのが流通の機能である。この隔たりを埋める経済的な役割として①輸送機能，②分割機能，③保管機能，④品揃え機能，⑤接触機能，⑥情報機能，⑦プロモーション機能，⑧金融支援，修理・交換などの機能がある[7]。

*チャネル用語について，スタントンは channels of distribution, コトラーらは distribution channel, 日本の研究者：和田充夫らはマーケティングチャネルとか流通チャネルと紹介している。本来は4Pの1つとして place（場所）の意味である。ここでは，チャネル，流通チャネル，マーケティングチャネルを同一用語として用いる。サービスマーケティングでは立地を意味している。

3．チャネルの段階

チャネルには4つのタイプがある。チャネル1は，直販チャネル：生産者が直接消費者に販売する。チャネル2は，生産者と消費者に小売業者が1つ介在

するタイプ。チャネル3は，製造業者→卸売業者→小売業者→消費者の4段階を経るタイプ。チャネル4は，生産者と消費者の間に3つの中間業者が介在する（生産者→卸売業者→卸売業者→小売業者→消費者）。

　化粧品流通には，①訪販流通（ポーラ，日本メナード），②制度品流通（資生堂，コーセー），③一般品流通（マンダム）のタイプがある。

第2節　流通業の存在意義

（1）取引総数最小化の原理

　流通業の介在によって生産者が多数の小売業と取引する場合に比べて取引数が減少する。例えば，製造業者の各々が3人の顧客と直接取引する場合は取引回数が3×3＝9回。次に製造業が1人の中間業者を通じて顧客と取引する場合は製造業が3回と顧客の取引3回で6回となり取引量を減少し流通経費を削減している。

（2）不確実性プールの原理

　消費の不確実性に対処するため在庫保有の必要量は個々の小売業者によって分散的に保有される場合よりも卸売業によって集中的に保有された場合の方が全体として小さくなる。例えば，10社の小売業者が500個ずつ在庫を備えると10社×500個＝5000個の総在庫となる。しかし，卸売業者が介在し1,000個保有すると，10社の小売業者は100個の在庫で済む。そうすると総在庫量は100個×10社＋1000個＝2000個となり流通経費は3000個削減される[8]。

第3節　チャネル政策と系列化

1．チャネル政策の形態[9]

（1）**開放的チャネル**：多くの商業者に商品の取り扱いを開放して市場カバリッジ大きくする政策。多段階で長いチャネルとなる。食料品，日用品。

（2）**選択的チャネル**：何らかの基準に基づいて商業者を選択する政策。家電製品。

（3）**排他的チャネル**：商業者に排他的（独占的）な販売権を与える政策。自

動車。

2．垂直的マーケティングシステム：流通系列化[10]

チャネル管理を中心にした，長期的な取引関係を想定し，支配関係を構築する。

（1）**企業型チャネル**：同一企業内部（別会社による資本所有関係）で生産，卸売，小売に至るまでを垂直的に統合する。販売会社。

（2）**契約型チャネル**：資本的には独立している製造業者，卸売業者，小売業者が，契約によって異なるチャネル統合する。このタイプには①卸売主宰ボランタリーチェーン，②小売協同組合，③フランチャイズ組織（この組織はさらに生産者主宰小売フランチャイズシステム，生産者主宰卸売フランチャイズシステム，サービス小売フランチャイズシステムに分類される。

⑴個別的契約形態

①排他条件付取引契約：競合商品を取り扱わないで，もっぱら当該企業の商品だけを取り扱うという拘束条件を付けた取引契約。

②**テリトリー制**：メーカーが自社商品を取り扱う販売業者の営業地域や顧客を制限する制度。

③一店一帳合制：寡占企業が卸売業者に対してその販売先である小売業者を特定しようとするもので，小売業者に特定の卸売業者以外の者と取引することを禁止させる制度。

④抱き合わせ販売：売り手が買い手に対して，ある商品やサービスの販売に際し，別の商品・サービスを抱きわせて購入させようとする行為。

⑤責任販売高制：一定の販売高目標を明示して，その達成を義務づける契約。

⑥**再販売価格維持契約**：再販売価格の設定を拘束し，供給者が示す指示する価格を維持するように，商業者に義務づける契約。

⑵包括的契約形態

①**代理店・特約店**：特定の事業者と契約を結び，その事業者の商品・サービスの販売窓口となって，一定の地域の卸売販売が委ねられる商業者の

こと。
- 代理店が生産者の販売窓口となって，一次卸・元卸の役割を果たし，特約店が2次的卸の性格を持っている。

②**販売会社**（販社）：特定の生産者に専属化することを条件とした卸売販売契約に基づいて，流通チャネルの卸売段階を完全に系列化するシステム。

③卸売主宰ボランタリーチェーン，②小売協同組合，③フランチャイズ組織

フランチャイズチェーンとは，フランチャイザー（チェーン本部）がフランチャイジー（加盟店）を一定の契約に基づいてチェーンとして組織化する経営形態。**ボランタリーチェーン**とは，多数の同業者が個々の独立性は維持したまま連携して，仕入れや保管・配送，販売促進などを共同化することによって，大規模小売業と同様の規模の利益を享受することを目指す企業間組織のこと。

(3) **管理型チャネル**

製造業者，卸売業者，小売業者など法的に関係のない企業間で，契約によらないで協調しながら異なるチャネルを集団的に統合する。例えばリベート制（一定の売上高の達成に対して支払われる金銭），ディーラーヘルプス（陳列の指導・援助）などがある。流通系列化の方式には，「資本による系列化」と「資本以外の方法による系列化」に区別する方法もある[11]。

3．チャネルにおけるパワー基盤

メーカーが自社のチャネルになってくれた流通業者にモチベーション手段を講じようとする際に，メーカーにはそれを可能にする何らかの経営資源が必要となる。これがパワー基盤と呼ばれるものである。報酬パワー，制裁パワー，情報や専門パワーなどがある[12]。**報酬パワー**とは流通業者がチャネルとして目標達成に寄与した際に与えられる経済的代価のことをいう。**制裁パワー**は流通業者がチャネルとしての目標達成に協力しなかった場合に採られる措置のことである。

4．製販統合

　国際的な競争が激しくなると，既存業界の枠内だけでなく，異なる企業同士がパートナーとなって新規事業や既存事業の見直し戦略的な提携を結ぶことが有効となってきた。

　メーカーとメーカー，メーカーと小売業者の同盟も顕著に表れている。

　例えば，「味の素とセブンイレブン」や「ローソンと木村屋その他のパンメーカー」との間の「焼きたてのパン」の商品開発。味の素とセブンイレブンの場合には，味の素が独自にもつパン生地冷凍の技術，セブンイレブンがもつ物流拠点，パン・メーカーを活用した物流拠点におけるパン焼成の生産力，セブンイレブンのもつ8000店舗からなる店頭販売力を結合した，パン生地生産→パン焼成→店頭販売といった流れを「焼き立て」というコンセプトによって統合した。これは，冷凍技術，パン焼成技術，拠点ネットワーク，店頭販売力といった，味の素，パンメーカー，セブンイレブンの3者の相互期待・実行という信頼がこの同盟を生み出した[13]。

注
1）小川孔輔『マーケティング入門』日本経済新聞出版社　2009年　p.609。
2）フィリップ・コトラー　ゲィリー・アームストロング　和田充夫　青井倫一訳『マーケティング原理』2001年　p.458。
3）W. J. Stanton. fundamentals of Marketing, 3rd edmc GRAM-HILL. BooK COMPANY 1971年，p.271。
4）J. R. Evans B. Berman *Principles of Marketing* 2nd ed., Macmillan Dublishing Company, 1980年，p.218。
5）田内幸一・村田昭治編『現代マーケティングの基礎理論』同文館　1986年 pp.249-250。
6）フィリップ・コトラー　ゲィリー・アームストロング　和田充夫　青井倫一訳『マーケティング原理』2001年　p.460.
7）経営学検定試験協議会『経営学検定試験公式テキ③マーケティング』中央経済社 2013年　pp.147-150。
8）西田安慶　城田吉孝編『現代商学』税務経理協会　平成15年　pp.37-38。
　　野口智雄『マーケティングの基本』日本経済新聞社　1994年　p.123。
9）田内幸一村田昭治編『前掲書』p.254。

10）小原博『マーケティング』新世社　2000年　p.163。
フィリップ・コトラー　ゲィリー・アームストロング　和田充夫　青井倫一訳『マーケティング原理』2001年　pp.457-472。
P. Kotler & G. Armstrong "*Marketing An Introduction*" 4th 1997年　Prentice-Hall, Inc. p.362。
田内幸一・村田昭治編『前掲書』pp.258-262。
和田充夫・日本マーケティング協会編『マーケティング辞典』日本経済新聞 2008年。
11）木綿良行　懸田豊　三村優美子『現代マーケティング論』有斐閣 1992年 p.90。
12）石井淳蔵　廣田章光編『1からのマーケティング』碩学舎 21013年 pp.146-147。
13）和田充夫・恩蔵直人・三浦俊彦『マーケティング戦略』有斐閣 2001年 pp.332-333。

第7章　プロモーション情報

第1節　プロモーションの概念

　マーケティング戦略は利益の最大化，マーケットシェアの拡大などマーケティング目標を達成するためにマーケティング環境を明確に把握し，標的市場を決定し，標的顧客層のマーケティング情報の収集と分析を行い，顧客満足のためのマーケティング諸活動を最適に組合せるマーケティング・ミックスの開発である。マーケティング・ミックスを構成する要素は製品（product），価格（price），場所（place），プロモーション（promotion）である。

　プロモーションには広告，パブリシティ，販売促進，人的販売があることは周知の事実である。（プロモーションの特徴と消費者心理とプロモーション・ミックスの貢献度については，本章の末尾資料1・2参照）このプロモーションは企業が行うコミュニケーションである。プロモーションの基本的な目標は，消費者に企業の情報を提供することである。それは商品を知らせたり，説得したり，想起させたりすることである。効果的なマーケティングコミュニケーション活動を行うには消費者の心理を知ることが重要である。**AIDMA モデル**は，注意：attention，関心：interest，欲求：desire，記憶：memory，行動：action という消費者の購買心理を示したプロセスである。最近ではプロモーション活動だけでなく，マーケティングの各要素の持っているコミュニケーション効果も注目されている。マーケティング・コミュニケーションはプロモーションと同義語に解釈されたこともあるが，現在ではもっと上位の概念を指すようになっている。「商品コミュニケーション」「プライシング・コミュニケーション」「プレイス・コミュニケーション」そして「プロモーション・コミュニケーション」をあわせてマーケティング・コミュニケーションと捉える見方が一般化している。」[1]ことに注視して，マーケティング・コミュニケーションの視点から広告に関係する概念，すなわち広告，宣伝，パブリシティ，広報（PR）の意味を整理することにした。プロモーション・ミックス戦略にはプッシュ戦略とプル戦略がある。**プッシュ戦略**とは製造業者が自社の商品を取り扱う卸売業者や小売業者に消費者に推奨販売やディーラーヘルプなど販売員により強く働き

かける販売促進をいう。これに対して，テレビや新聞などの広告によって消費者に認知させ，指名買いをするように働き引きつける戦略を**プル戦略**という。現代企業が社会から尊敬され，信頼される企業であることが要求されていることにある。その為には，企業を取り巻くステークホルダーに情報を発信して良い関係を形成しなければならない。

第2節　広告・宣伝・パブリシティ・広報（PR）の意義

1．広告の意義

広告とは，自社の商品，サービスの購買促進や自社そのものをアピールして企業イメージを形成することを目的として，メディア（テレビ，ラジオ，新聞，雑誌等）を利用して，情報を提供するコミュニケーション戦略である。コミュニケーション戦略の手段として，パブリシティ，販売促進，人的販売がある。ここでは非人的コミュニケーションである広告，宣伝，パブリシティ，広報（PR）の概念について検討する。

The Random House Dictionary of the English Language（1983年：以下ランダムハウス辞典と記す）によると広告とは ①広告によってもっと顧客を獲得するために特に新聞と雑誌，ラジオ，テレビ，屋外広告などで有料の知らせをし，製品，サービス，ニーズなどに公衆の注意を引く行為又は実行，②有料のお知らせ，広告などと解説している。

嶋村和恵は小林太三郎等の広告定義を紹介したあと，広告に求められる要件を次のように述べている。[2]「小林太三郎の定義：広告とは，広告主が所定の人々を対象にし，広告目的を達成するために行う商品，サービス，アイデア（考え方，方針，意見等を意味する）についての情報伝播活動であり，その情報は広告主の管理可能な広告媒体を通じて流されるものである。広告は企業の広告目的の遂行はもとより，消費者または利用者の満足，さらには社会的・経済的福祉の増大化等の機能を行うことになるのはいうまでもない」としている。そして，**広告に求められる条件**として，(1)広告は情報の出所，責任の所在が明示されていること。(2)広告主と受け手の間に非人間的な媒体が介在していること。(3)広告物を媒体にのせる場合，広告主はそのスペース（広告を掲載する場

所）やタイム（広告を放送する時間）に対して料金を支払う。料金を支払うということは，スペースやタイムを購入して，記事や番組等とは区別される「広告主からの情報」を提供するということをあげている。さらに，明確な目的を持っていることも必要である。また，Philip Kotler（フィリップ・コトラー），Gary Armstrong（ガーリ・アームストロング）は，明らかにされたスポンサーによってアイデア，商品名，サービスの非人的なプレゼンテーションとプロモーションによる何らかの有料形態としている。[3]

さらに，AMA（アメリカマーケティング協会）では，**広告**は「広告メッセージの中に何らかの形で明示された営利企業，非営利組織，個人が，特定の人々に情報を提供し，説得したいと考え，さまざまな媒体を使って行う有料形態で，非人的コミュニケーションで，商品，サービス，組織，アイデアについてのコミュニケーションが含まれる」[4]としている。

以上の定義から，**広告**は ①広告主が明示されており，②有料形態であり，③非人的コミュニケーションの特徴をもつ情報伝達活動であると考える。

2．宣伝の意義

ランダムハウス辞典では ①人，集団，運動，機関，国家などを助けるか又は害するために広く，故意にくり広げる情報，うわさなど。例えば，仏の外国政策についての共産党の宣伝 ②その様な情報，うわさなど故意の普及 ③組織又は運動にって普及される特別な主義又は原理と解説している。

現在の㈱電通，当時日本電報通信社社長であった吉田秀雄は，広告と宣伝の本質について次のように述べている。[5]「**広告**は真実を知らすことによって対象者の好意と支援を得ようとする方法であり，**宣伝**は対象者の共鳴と支援を得ようとすることにおいては広告と共通のものがあるが，思想又は主張を伝達して，社会的な世論効果を狙うことに重要な目的が置かれる。即ち動機の非営利性によって一応の区別がなされる。従って広告宣伝の本質は，知らされることによって，大衆の理解を得，理解されることによって，その好意と支援を獲得する方法であるということができる。商品やサービスの「広告」は，その商品やサービスの持つ，大衆との結びつきを説明することによって，大衆の理解を強め，その販売を増加するものであり，公共の福祉を高めるための「宣伝」は，

そのことの思想的文化的意義を説くことによって，大衆の支援を得て，協力と実行を促進するなど，広告宣伝の本質を示す具体的なものである」と述べている。

以上のことから宣伝はとりあえず，思想的・文化的意義を説き，特別な考えの情報と理解しておく。

3．パブリシティの意義

ランダムハウス辞典によるとパブリシティには ①印刷，ラジオ，他の媒体又は伝達手段，口コミを含むものより公衆へのお知らせ ②公衆にお知らせを確保する政策，過程，事業 ③公衆のお知らせ，注意を確保するために発行された情報記事など ④広告からなされる公衆のお知らせ，注意 ⑤一般的観察，知識を公開する宣言と解説している。

一般的にパブリシティとは，企業や団体の広報活動のことで，マスメディアに情報を提供することによって，それらが記事や番組で取り上げられ，報道されることを目的としている。広告と比較すると表7-1のようになる。

三浦俊彦はパブリシティの特徴について，**パブリシティ**はPR（Public Relations）の一手段として用いられるものである。企業がマーケティング目標の達成に有益と思われることを，媒体に報道してくれるように働きかける活動と定義している。そして，**パブリシティ**として (1)メディアにのせるかどうか

表7-1 パブリシティと広告の比較

パブリシティ	広　告
媒体が判断	広告主が出稿
記事や番組による伝達	広告による伝達
無料	有料
信頼性は高い	信頼性は低い
時にマイナスのことがある	常にプラス
媒体の判断による読者，視聴者のためのメッセージ	明快な目的をもったメッセージ

出所：塚本輝雄編『広告がわかる事典』日本実業出版社，2000年，33頁，212頁。
　　　にはパブリシティ（広報）と記載されているが，ここではパブリシティの意味として用いた。

が媒体側の意思決定のため，無料である，(2)コミュニケーション内容の制作が第三者の媒体側によって決定されるため，受け手側の信頼性が高いという特徴がある，と述べている。[6]

4．広報の意義

ランダムハウス辞典によると広報（PR）とは ①自らと公衆，地域社会，従業員，顧客などと良い意思を促進するための企業，店，政府，個人などの行為 ②その様な良い意思を促進する術又は技術と解説している。

堀章男は広報について次のように述べている。[7]「**広報**とは常に市政についての情報を提供し，市民の理解を求めること。**広報の役割**の第1は市民に提供しようとするサービスの内容を知らせる＜お知らせ広報＞，第2は推進していく政策に関する情報を市民に提供する＜政策広報＞。広報とは市民の意見や要望を幅広く聞き市政に反映させていくことである。」（横浜市役所「ビタミンC・マニュアル」平成4年），と理解している。

広報は，企業広報と行政広報に分けられる。**企業広報**は，企業の存在理由（企業理念）を社会に認知させ理解と支援を得るための活動である。**行政広報**は行政や行政機関についての基本的な理解を促進し，社会との一体感，信頼感を獲得する活動である。

「**企業広報**とは，企業がその企業自身や，製品，サービスなどに対する名声を築き，維持していくことを専門的なコミュニケーション技術によって助ける経営機能である。」（ボール・バートン）。日経連では，企業が地域社会の理解と協力のために，(1)日ごろから地域社会との対話の場をつくり相互の理解を深める。(2)地域社会と調和したクリーンな環境づくりにつとめる。(3)地域社会の慣行を重視し，協調しつつ，開発・発展に寄与する。(4)地域と企業の相互連絡を密にし，地域社会のニーズに沿った共同歩調，迅速な行動を可能にする体制をつくる。(5)地域の文化・体育・福祉面への物的・人的援助・協力をすすめる。といった要綱を作成し，広報活動を展開している。

広報と同じ意味で用いられる **PR (public relation)** については，次のようにとらえることができる。**PR** とは，個人または組織体が，その関係する公衆の理解と協力を得るために，自己の目指す方向と誠意を，あらゆるコミュニケー

ション手段を通じて伝え，説得し，あわせて自己匡正をもはかっていく継続的な"対話関係"である。自己の目指す方向は公衆の利益に合致していなければならず，また現実にそれを実行する活動をともなわなければならない（加国三郎『PRの設計』東洋経済新報社）。

吉田秀雄は『現代商学事典』でPRを次のように解説している。PRは，事業がその関係する人々の間に好ましい相互理解に基き，事業発展の基礎ともいうべき信頼と支援をかち得るために，先ず自己匡正によって，社会公共にとって有益なる存在たるべく努力し，次にその事業を彼等に説明することであるとしている。[8]

アメリカのウェブスターではPRを次のように定義している。PRとは企業などの組織体が，顧客，従業員，株主，地域住民などの公衆との間に親密で建設的な関係を築き，維持するために行うコミュニケーション活動である。PRの本質は企業に対する公衆の理解と好意を獲得し，それによって経営の円滑な運営を図ることにある。[9]

今日，PRの目標は企業だけでなく広く行政にも適用されているので，現代的な解釈としては，ウェブスターの定義が時代を反映しているように思う。

最後に，広告，宣伝，パブリシティ，広報（PR）の用語を表7-2のように整理してみた。

表7-2 広告と間違えやすい用語

	柏木重秋編『マーケティング・コミュニケーション』同文館 平成10年，132頁(出所宣伝会議編『広告ビジネスの基礎講座』宣伝会議 1996年，25頁)	出牛正芳編『基本マーケティング用語辞典』白桃書房 1995年	広辞林：三省堂 第5版	ランダムハウス辞典	オックスフォード辞典
広告 advertising	媒体に対価を払って行う，各種のコミュニケーション活動。Advertising：広告活動主体。Advertisement：広告表現がなされた伝達手段や広告表現のなされた成果物。	・広告は，有料のメディアを通じ消費者の態度，行動に影響を与える目的で広告主の商品，サービス，事業などを情報伝達するコミュニケーション活動である。(54-55頁根本)・1872年4月11日付418号の横浜毎日新聞に「廣告」という文字が出現した。	広く世間に告げ知らせること。ひろめ，商品などの名称や効能を広く宣伝すること。ちらし。	顧客を獲得するために新聞，雑誌，ラジオ，テレビなどで有料の知らせをし製品，ニーズなどに公衆の注意を引く行為。有料のお知らせ。	警告，通達，情報。

宣伝 propaganda	広告と同義語として用いられる場合が多いが、本来は政治／社会／宗教などの思想普及や流布のための活動。	・特定の目標のもとに世論を操作し、その思想、主張を特定の方向へ伝達させる活動。 ・1622年ローマカトリックの宗教布教から発生し、18世紀末以降、政治的・軍事的伝播活動として使われた。（141頁 根本） ・人々を規定の目標に導く機能。（堀『企業広報の手引き』、13頁）	述べ伝えること、言いふらすこと。主義・主張や商品の効能などを多くの人に理解させ、共鳴を求めるために、よく説明し言い広めること。PR。実際よりも大げさに言いふらすこと。	人、集団、運動、機関、国家などを助けるか又は害するために広く、故意にくり広げる情報、うわさなど組織又は運動によって普及される特別な主義又は原理。	信仰を示す会合からの布教。
パブリシティ publicity	（主として媒体を対象に）商品／サービス等に関する情報を、無料で取り上げるように仕向ける活動。 Non paid Publicity：対価の支払い無しに行われる活動（ノン・ペイド・パブリシティ／フリー・パブリシティ／無料パブ） Paid-Publicity：媒体社等に対価を支払って行われる活動（ペイド・パブリシティ／有料パブ）	・企業が自社の商品やサービスについての情報を報道機関に提供し、報道してもらう活動をいう。 ・ニュースリリースによる情報提供、記者会見による発表、工場見学。（191頁 根本） ・マスコミへの記事素材の提供（堀章男『企業広報の手引き』、日本経済新聞社、1998年、65頁）	公開。また周知させること。広告主が誰であるかわからない形の宣伝・広告。	印刷、ラジオなどの媒体により述べられる公衆へのお知らせ。公衆にお知らせを確保する政策、過程、事業。	公開の本質、公の観衆その知識を知らせる事実又は条件。
広報 （PR） public relation	・Public Relationsの日本語訳のことで、略してPRと称される場合が多い。 ・一般的には非営利的なコミュニケーション活動と解釈されているが、直接的に何らかの商品／サービスの販売向上を狙った形式にはなっていないものの、長期的に企業戦略の一環と位置づけられているところから、必ずしも非営利的活動とだけも言えない。 ・また、思想／信条／動向などを操作する面も合わせており、これもある面での営利と考えられる。	・政府、公共事業体、企業などの組織体および個人が関係をとりもつ公衆の理解や信頼、協力を得るためになされるコミュニケーション活動である。 ・1802年第3代アメリカ大統領トーマス・ジェファーソンが議会教書の中で"パブリック・リレーションズ"を使い、注目された用語となった。（191-192頁 根本） ・対象となるパブリックは企業では社員、家族、株主、顧客、取引関係客、労働組合、金融機関、報道機関、地域住民、一般大衆など。 ・公衆の信頼を築き、理解を促進するため、自己の政策および行為の計画的プログラムである。（堀『前掲書』19頁）	広く知らせること。またその知らせ。	自らと公衆、地域社会、従業員、顧客など良い意思を促進するための企業、店、政策、個人などの行為。	組織、会社、その他と一般公衆との関係、特に良い関係。

第3節　広告の機能と種類

1．広告の機能

　広告の機能には，(1)経済的機能，(2)社会的機能，(3)文化的機能がある。

　(1)経済的機能とは，消費者に対して需要を刺激し，それによって企業＝広告主の売上高の増加となる。さらに，商品単位当たりのコストを下げ，メーカーから小売業への販売促進費を縮小するなど流通費の削減に役立っている。

　(2)社会的機能とは，企業の商品・サービスの情報を提供し，商品を知ってもらい，さらに消費者に自社商品やサービスを購入してもらうための説得する働きかけが必要である。

　(3)文化的機能とは，広告物が消費者に娯楽や話題を提供し，商業的コミュニケーションとしての働きをもつ。そして広告物自体が芸術性を生む場合もある。今日では，広告が生活文化や食文化を変化させ新しいライフスタイルを提案することもある。

　嶋村和恵は以上の広告の機能のほかに，広告主にとっての広告の機能，媒体社にとっての広告の重要性，消費者の立場からの広告の意味についても論じている。[10]

2．広告の種類

　小林太三郎は広告の種類を次のように11の区分に分類している。[11]

　(1)機能別分類，(2)広告地域別分類，(3)広告対象別分類，(4)広告訴求内容別分類，(5)広告訴求のタイプ別分類，(6)需要別分類，(7)コミュニケーション・スペクトル別分類，(8)印象・説得別分類，(9)建設・戦闘別または説明・競争別分類，(10)広告媒体別分類，(11)商品サイクル別分類。

　この他，次のように分類することもできる。[12]

(1)　媒体別とは，広告を掲載する媒体別に分類したものである。
(2)　媒体利用法別とは，テレビ広告に番組提供広告とスポット広告があり，番組提供広告は番組を提供した広告主が番組の中で流す広告である。スポット広告は番組を提供しない広告主が番組と番組の間に流す広告のことである。

(3) 広告主タイプ別とは，広告をだす企業「広告主」別に分類したものである。
(4) 商品・サービス別とは一般的に業種別広告という。
(5) 訴求対象別とは，広告だけを誰に訴求するかによる分類である。
(6) 対象地域別とは，広告の対象をエリア別に分類したものである。
(7) 目的別とは，広告の出稿目的別に分類したものである。
(8) 時期（タイミング）別とは，時期による分類である。
(9) 訴求タイプ別とは，広告表現の中で訴求目標を何におくかによって分類する。
(10) 広告提供タイプ別とは，複数の企業が同じ広告スペースの中で広告を展開する共同広告や記事広告がある。
(11) その他は上記以外の広告である。

広告区分と広告の例を示すと表7-3のようになる。

表7-3 広告の種類一覧表

	区 分	広 告 の 名 称 （例）
1	媒体別	新聞広告，雑誌広告，テレビ広告，ラジオ広告，屋外広告，交通広告，チラシ広告，POP広告・・・
2	媒体利用法別	新聞記事下広告，新聞突出広告，テレビタイム広告，テレビスポット広告，駅貼広告，中吊広告・・・
3	広告主タイプ別	メーカー広告，小売広告（ストア広告），政府広告，公共広告，軟派広告，硬派広告
4	商品・サービス別	食品広告，自動車広告，書籍広告，選挙広告，百貨店広告
5	訴求対象別	消費者広告，流通広告，生産者向け広告，産業広告
6	対象地域別	全国広告，エリア（地域・地方）広告，ローカル広告，国際広告
7	目的別	商品広告，企業広告，意見広告，求人広告，黒枠広告，三行広告，公告，案内広告，おわび広告（謝罪広告），輸出広告，社会公告，選挙広告
8	時期(タイミング)別	中元広告，歳暮広告，正月広告，新発表広告，維持広告
9	訴求タイプ別	印象広告，説得広告，比較広告，挑戦広告，グッドウィル広告，競争広告
10	広告提供タイプ別	共同広告，編集タイアップ広告，記事広告，企画広告
11	その他	リスポンス広告，クーポン付広告，懸賞広告，リスポンス広告（ダイレクト・リスポンス広告），メディアジャック広告，インフォマーシャル，インフォーマティブ広告，飛行船広告，航空広告

出所：望月 明『広告ビジネスハンドブック』，宣伝会議，1991年，31頁。
出典：小泉眞人「広告コミュニケーション」『マーケティング コミュニケーション』，同文館，1998年，133-134頁。

第4節 広告媒体の特徴

多くの媒体が利用されているが,清水公一は M. I. Mandel の Advertising（1974年）を引用して,広告媒体を次のように説明している。[13] すなわち,見込客に広告メッセージを到達（reach）させるためには伝達手段（communication carrier）が必要である。この伝達手段を**広告媒体**（advertising media）という。**広告媒体**には,①テレビ,②ラジオ,③新聞,④雑誌,⑤屋外広告,⑥交通広告,⑦映画・スライド,⑧ダイレクトメール（DM）,⑨新聞折込広告,⑩POP広告,⑪ノベルティがあり,今日ではインターネット広告を加えることができる。

1. マス・メディアの特徴

テレビ,ラジオ,新聞,雑誌のマス媒体の特徴をまとめると次のようになる。

	長 所	短 所
テレビ	・映像,音声,動きの総合的組み合わせにより,視覚と聴覚の両方に訴求できる ・注目率が高い ・到達範囲が広い ・同時性・即時性がある ・露出当たりの低いコスト	・費用が高い ・瞬時的で広告寿命が短い ・視聴者の受信の選択性が少ない ・セグメントしにくい
ラジオ	・地域や聴取者層の選択性が高い ・多数の人々を対象にできる ・テレビにくらべて費用が安い ・同時性・即時性がある	・聴覚への訴求しかできない ・瞬時的で広告寿命が短い ・テレビより注目率が低い
新聞	・地域の選択性が高い ・タイムリーな広告メッセージを送れる ・地域市場のカバレッジが高い	・印刷の質が雑誌やDMにくらべて劣る ・視覚だけによる訴求 ・広告寿命が短い ・広告メッセージの閲読率が小さい
雑誌	・地域や読者層の選択性が高い ・広告寿命が短い ・回覧率が高い ・多くの情報を提供 ・メッセージが長寿	・広告が掲載されるまでに時間がかかる ・発行部数と購読部数が一致しない ・メッセージ・コピーの修正や変更について弾力性がない ・視覚だけによる訴求

出所：三浦 信・来住元朗・市川貢『新版マーケティング』,ミネルヴァ書房,1991年,230頁。
出典：小原 博『基礎コースマーケティング』新世紀,2000年,181頁。に,
　　　和田充夫・恩蔵直人・三浦俊彦『マーケティング戦略』有斐閣アルマ,2001年,227頁を追加して作成

2．マス・メディア以外の主な広告媒体の特徴

(1) **屋外広告**の特徴には，①定置媒体なので，地域のシンボルになり反復訴求ができスペースの融通性が大きい。②サインとアクションの結合効果が得られ，昼は色と動きの効果，夜は照明効果が発揮できる。③広告の制作過程に注目させるティーザー広告（teaser advertising）に最適である。

(2) **交通広告**の特徴には，①沿線ごとの地域セグメントができ，乗客は捕らえられたオーディエンスである。②全国の主な駅に掲出すれば，ネットワーク効果が期待できる。③広告メッセージの到達頻度が高い。同時に数枚の中吊りを使うマッシブ・アタック（massive attack）広告もできる。

(3) **ダイレクトメール**の特徴には，①受け手に直送するから，セグメンテーション戦略に最適である。②クーポンやカギをつけておくと効果の把握ができる。③パーソナル・メディアであるから受け手との人間関係をつくることができる。④タイムリーな広告活動ができる。

(4) **新聞折込広告**の特徴には，①地域セグメンテーションができる。②費用が安いので大衆に開かれた媒体である。③店の特売広告などには即効的効果がある。④銘柄媒体の選択により購買層の特性別セグメントができる。

(5) **POP広告**の特徴には，①マス媒体による広告を補完しオーディエンスのブランド選択過程の最終段階に働きかけ，行動を誘発する。②地域セグメンテーションに最適であり，店内のトラフィック量を増大させ，店員の販売効率を高める。③広告物の色，形，音，動きなどが自由に使え，リマインダー広告としての機能を持っている。

(6) **ノベルティー**の特徴には，①市販されていない珍しいものが多く，受け手に重宝がられ，媒体の寿命が長い。②広告メッセージは再三再四繰り返され，新商品の紹介，新しい顧客の獲得，販売員の援助，好意の創成に役立ち，リマインダーとして役立つ特徴がある。

3．インターネット広告

インターネット広告とは，従来の広告とダイレクトマーケティングを融合させたものである。[14] インターネット広告の長所としては①双方向のコミュニケーションが可能 ②能動的なアクセスにより注目度，閲読度が高い ③迅速な内容の更新および伝達が可能 ④デモグラフィック，ライフスタイルなどによるセグメンテーションに優れる。短所としては ①掲載ウェブ・サイトへのアクセス数により効果が左右 ②常時，内容更新を行わないと，注目度が低下するなどがある。[15]

注

1) 嶋村和恵「マーケティング・コミュニケーションと広告」小林太三郎 嶋村和恵監修『新版 新しい広告』,㈱電通，1997年，48-49頁。
2) 嶋村和恵「同上論文」38-39頁。
 塚本輝雄編『広告がわかる事典』日本実業出版社，2000年，28頁。
3) Philip Kotler, Gary Armstrong, Marketing An Introduction, 1997, p.428。
4) 嶋村和恵「前掲論文」，38頁。
5) 深見義一『現代商学事典』，新紀元社，1963年，496-497頁。
6) 三浦俊彦「コミュニケーション戦略」（社）日本マーケティング協会編
 『マーケティング・ベーシックス』，同文館，1995年，180-181頁。
 塚本輝雄編『前掲書』，212頁。
7) 堀章男『企業広報の手引』，日本経済新聞社，1998年，15-19頁。
8) 深見義一編『現代商学事典』，新紀元社，1963年，501頁。
9) 柏木重秋「PRとコミュニケーション」柏木重秋編『マーケティング・コミュニケーション』同文館，1998年，247頁。
10) 嶋村和恵『前掲論文』，25-30頁。
11) 清水公一『広告の理論と戦略』，創成社，2002年，9-10頁。
12) 小泉眞人「広告コミュニケーション」『マーケティング コミュニケーション』,同文館，1998年，133-134頁。
13) 清水公一『前掲書』160-161頁。184-192頁に依拠している。
14) ロビン・ゼフ，ブラッドリィ・マロンソン著 訳 西和彦『*Advertising on the Internet*』,流通科学大学出版，2001年，13頁。
15) 吉田朋樹「プロモーション」宮原義友編『マーケティング入門 Q&A』同文館, 2000年，124頁。

参考文献

(1) 加藤勇夫 城田吉孝 石居正雄 上田喜博 大浜慶和 岡本純 『現代マーケティング戦略論』，中部日本教育文化会，1997年。
(2) 小原博『基礎コース マーケティング』，新世紀，2000年。
(3) Philip Kotler & Gary Armstrong *Marketing An Introduction*, 1997年。

資料1　プロモーションの特徴

	メリット	デメリット
人的販売	相手の反応をみながら説得できる	コストや時間がかかる。多数の顧客をカバーできない
広告	多数の人々にメッセージを伝達することができる	説得力が弱い。コストがかかる
パブリシティ	信頼性が高く、無償である	思い通りのメッセージが伝えられない
セールス・プロモーション（販売促進）	確実に効果が期待できる	コストのかかるものもある

（出所：野口智雄『マーケティングの基本』日本経済新聞社　1994年　p.143）

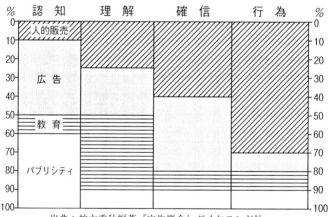

資料2　消費者心理とプロモーション・ミックスの貢献度
— IBM社の調査結果 —

出典：柏木重秋編著『広告概念』ダイヤモンド社
出所：原田一郎『マーケティング』学校法人産能大学
　　　発行年月日の記載はないが189112と記されている。
　　　通信用テキストである。P.92。
　注）教育・販売促進の一部と解釈され，消費者教育を意味している。

第3部
マーケティングリサーチ

第8章　マーケティング情報

第9章　マーケティングリサーチの意義と役割

第10章　マーケティングリサーチの範囲と手順

第11章　マーケティングリサーチの方法

第12章　調査票の設計

第13章　標本調査

第14章　データ分析と調査結果の報告

第15章　マーケティングリサーチの課題

第8章　マーケティング情報

第1節　マーケティング情報の意義

　企業が自社の標的市場，競争企業のマーケティング戦略，政府関連利害集団，消費者や市民団体の要望，地域関連利害集団，経済的環境，自然的環境，文化的環境などの市場環境に対応したマーケティング活動を展開するためにマーケティング上の意思決定，あるいはマーケティング管理において必要な情報を求めなければならない。

　具体的に企業とマーケティング環境を結ぶ情報は3つに分類される[1]。

　その第1は環境から企業内部への情報である。

　これをマーケティング・インテリジェンス（marketing intelligence）と呼んでいる。この**マーケティング・インテリジェンス**は広義には素データをはじめ，環境をモニターする外部情報の総称概念である。プライドとフェレールは「マーケティング・インテリジェンスは意思決定を基準に収集するすべての事実を説明した広義の用語」と規定している。

　マーケティング・インテリジェンスは外部情報の総称であるが，情報収集の目的，形態，技術の観点から，①情報を継続的に収集するマーケティング・インテリジェンス・システムと，②情報をプロジェクト基準で断続的に収集するマーケティング・リサーチに区分することができる。

　さらに，マーケティング・インテリジェンスは外部情報の性格から次の3タイプに分けることができる[2]。

1．現状認識情報

　マーケティング管理，活動に必要な経常情報である。この情報は現在の市場需要や競争の状況を認識させると同時に自社のマーケティング努力の強・弱や競争者のマーケティング努力が競争状況に与えるインパクトなどの問題点の発見に役立つ。さらに，この情報は商品，流通，プロモーション，価格など統制可能な変数に焦点を合わせて収集されたもので，意思決定の手引きとなり，反復的な計画立案や業務の執行に向けられる。

2．特定問題情報

市場標的や標的環境の変化から生ずる問題の因果関係を形成する諸要因を明らかにするために必要な情報である。特定市場の潜在需要に関する量的データを収集し，市場の潜在性や規模を推定する。このデータは戦略全体を立案するときの基礎材料となるから，この種の情報は戦略的意思決定の基礎情報となる。

3．予期不可能な情報

この情報は第1に，将来の特定時期に起こる可能性のある問題事象を予測する，将来を展望する情報である。この市場環境要因に関する統制不可能な変数に関する情報であるため外部機関が公表する第2次資料であって，情報スタッフが体系的に収集，分析，保管して意思決定者の必要時に目的に合わせて再生し，対応策の開発を可能にする情報である。

その第2は，偶発的に発生する問題に対応する情報の収集である。偶発的に発生した問題については，データの入手が困難であり，データ源や時間に制約がある。この場合は特定問題の専門家，営業部員，従業員のデータの収集機能に組み入れ，不確実で分散的な断片的データになる。

その第2は，企業内部に流れる情報である。

この情報は企業の組織内の諸部門間を水平かつ垂直に伝達する。

その第3は，企業から環境へ流れる情報である。

広告，人的販売，販売促進など企業が市場に働きかけるマーケティング・コミュニケーションである。

ところで，情報，データ，インテリジェンスといった用語がしばしば用いられるので，その意味について整理しておくことにする。

W. レイザー，J. D. クレー（W. Lazer & J. D. Culley）によると**データ**（data）とは，情報になるべき素材である。そしてデータが収集され，分析され，体系化されると**情報**（information）となる。それは疑問点への解答を提供し，問題解決を行い，意思決定を行う際の助けとなるものである。すなわち，**データ**は情報として処理されるまではその価値を発揮しないものである。情報も，また，それ自体では，マーケティング管理者の十分な基礎とはなりえない。すなわち，マーケティング戦略の中で十分に活用されねばならないからである。このように情報を加工し，応用する能力のことを**マーケティング・インテリジェンス**と

呼ぶ[3]。

「データは情報の基礎をつくり，最終的にインテリジェンスを形成する」とレイザーが指摘しているように，データは未整理状態の諸事実で，意思決定に無関係な事実も含まれる。情報は関連事実を確認，評価，凝縮して特定の意味をもつ内容に体系づけた，疑問に対する解答である。**データ**は事実の断片で潜在的情報であるが，意味を与えられたとき情報になる。**情報**は特定の意味，法則性をもった事実である。**インテリジェンス**は新しい状況に適応して過去の経験を効果的に利用する能力を意味する。戦略の開発においても未来の変化を予測する知識が求められる。すなわち，過去も現在の知識を活用した未来が不測できる能力をもった知識である。かかる知識の次元にまでデータを発展させるシステムが**マーケティング・インテリジェンス**である[4]。このマーケティング・インテリジェンス・システムは日常の業務活動レベルよりも，管理レベル，さらには戦略的計画レベルの意思決定にとって不可欠な情報システムである[5]。

インテリジェンスとは「意思決定を行うに先立って知る必要があるすべての知識，ならびに将来重要となる可能性のあるようなあらゆる入手可能な情報を，収集，集計，処理，分析，そして解釈を加え，その上で，その経営者に提出する厳選された情報」のことである[6]。

インテリジェンス・メカニズムを図示すると図8-1のようになる。

図8-1　インテリジェンス・メカニズム

```
┌─────────┐  加工  ┌─────────┐  加工  ┌──────────────┐
│ 素データ │─────→│  情　報  │─────→│ インテリジェンス │
└─────────┘        └─────────┘        └──────────────┘
 （事　実）          （法則性）           （知　恵）
```

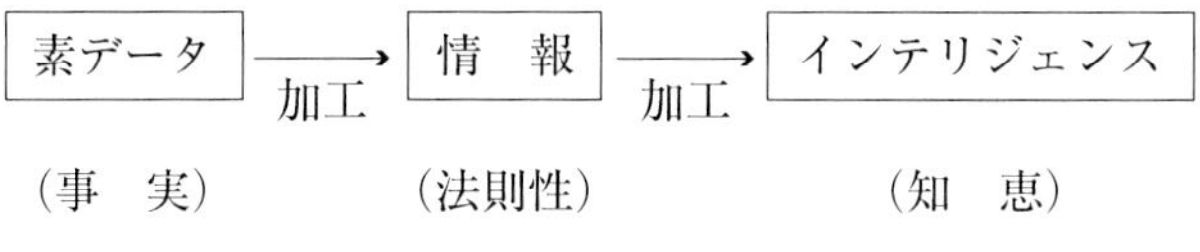

原典：田内幸一編『マーケティング情報システム』日本経済新聞社　昭和52年　p.204.
出所：松木繁義「マーケティング・リサーチ」中村・小堀・田口・松木・石居・城田・長谷川・三浦・有馬・浅野・加藤・寶多著『マーケティング論』商学研究社　1994年　p.67.

マーケティング情報とマーケティング情報システムの関係については図8-2に示すようにマーケティング担当管理者が注意しなければならないマーケティ

ング情報がマーケティング情報システムの4つの下位システムによって選びだされ，分析される。その情報は，マーケティング担当管理者に伝わり，マーケティングの分析，計画作成，実行，コントロールを助けている。それから発生するマーケティング意思決定とコミュニケーションは市場へと流れる[7]。

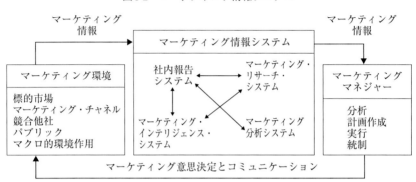

図8-2　マーケティング情報システム

出所：Philip Kotler, *Analysis, Planning, Implementation, and Control*, Prentice-Hall, Inc. 1988年　p.103.（Figure 4-1）

　三家英治教授はマーケティング情報システムは図8-3に示すように経営情報システムの1つのシステムと位置づけ，マーケティング情報システムのサブシステムを図8-4に示すように，①営業情報システム，②物流情報システム，③製品情報システム，④消費者情報システム，⑤経済情報システム，⑥価格，法律などの情報システムの6つに区分している。

　そして，マーケティング情報システムを図8-5のようにフローチャートで情報の収集，処理，分析，提示のプロセスと手順を解説しマーケティング情報を企業経営の意思決定者への資料手続きを明解に述べている。

　また，データとは分析処理していない状態のものであり，情報（information）は利用する人にとって理解しやすいように分析処理したものと区分している。（三家英治『図説マーケティング』晃洋書房　1990年　pp.47-48.）

図8-3　マーケティング情報システムの位置づけ

経営情報システム（MIS: Management Information System）					
マーケティング情報システム	会計情報システム	人事情報システム	生産・技術情報システム	原材料調達情報システム	

出所：三家英治『図説マーケティング』晃洋書房　1990年　p.46.

図8-4　マーケティング情報システムのサブシステム

マーケティング情報システム（MIS: Marketing Information System）		
営業情報システム ・得意先 ・営業マン管理 　　　　　など	物流情報システム ・配送 ・在庫 　　　　　など	製品情報システム ・新製品 ・競合商品 　　　　　など
消費者情報システム ・消費者行動 ・流行 　　　　　など	経済情報システム ・海外の動向 ・業界 　　　　　など	その他の情報システム ・価格 ・法律 　　　　　など

出所：図8-3に同じ　p.46.

図8-5 マーケティング情報システム

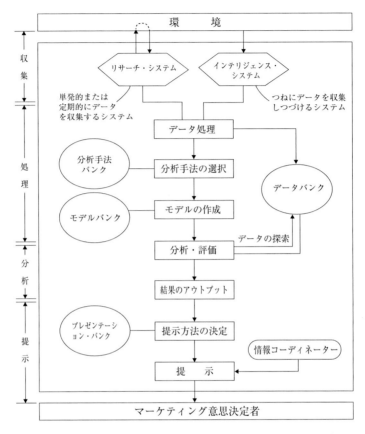

出所：図8-3に同じ　p.47.

第2節　マーケティング情報システムとマーケティングリサーチ

　本節ではマーケティングリサーチ研究の序論としてマーケティングリサーチの定義を理解してマーケティング情報システムと比較し，マーケティングリサーチの活動内容を概観することにする。

　P. コトラーはマーケティングリサーチをマーケティング情報システムのサブシステムとして次のように述べている。

会社が直面している特別なマーケティング問題に適切である情報を収集することである。そしてマーケティングリサーチの過程は5つの段階から成るとし，マーケティングリサーチを次のように定義している。すなわち，**マーケティングリサーチ**とは会社が直面する特別なマーケティング状況に適切なデータの発見と組織的な企画，収集，分析，報告であると，定義している[12]。

エバンス，バーマン（Joel R. Evans & Barry Berman）はマーケティングリサーチを次のように定義し，4点の強調点を述べている[13]。

マーケティングリサーチは商品とサービスのマーケティングに関連した諸問題についてのデータの組織的な収集，記録，分析である。このリサーチはマーケティングの諸問題の解決の為，適切な代理店又はビジネス企業又はその代理店によって引き受けられる場合もある。マーケティングリサーチはマーケティング機会と諸問題を明らかにし定義する。即ち，マーケティング活動を起こし，洗練し，評価し，マーケティングの業績をモニターし，過程としてマーケティングの理解を改善するために情報を利用する。それは発見やそのインプリケーション（関係：implication）を伝える。

この定義から次のことが強調される。①効果的にするため，マーケティングリサーチは組織的で，バラバラであってはならない。②マーケティングリサーチは一連のステップあるいはプロセスを含む。それは1段階の活動ではない。データの収集，記録，分析を含むものである。③データは異なる情報源から得られる。会社自身，公平な代理店，又は会社のために調査活動するスペシャリスト（specialist）によって得られる。④マーケティングリサーチはマーケティング活動を支援するための情報を要求するマーケティングのいかなる局面にも応用される。

マーケティングリサーチが採用される時，科学的方法がなされるべきである。それは客観性，正確さ，完全さに基づくものである。

松木繁義教授はマーケティング情報システムとマーケティングリサーチの機能を対比させながら論及し，次の表8-1のようにまとめている。

表8-1　MISにおけるMRの位置とその特徴

情報 \ タイプ	MIS	MR
デ ー タ 源	内外両環境	外部環境
目　　　　的	問題の予防と解決	特定問題解決
焦　　　　点	現在と未来	過去
行 動 基 準	システム	プロジェクト
システム基準	MR以外のサブ	MISのサブ
構　　　　成	総合的	断片的
頻　　　　度	継続的	断続的
戦　　　　略	実行と統制	計画と実行

出所：松木繁義「マーケティング・リサーチ」中村・小堀・田口・松木・石居・城田・長谷川・三浦・有馬・浅野・加藤・寶多『マーケティング論』商学研究社　1994年　p.72.

第3節　マーケティングリサーチの研究系譜

　本節はロバート・バーテルズ（Robert Bartels）教授のマーケティング思考の発展（The Development of Marketing Thought 1962年）の第7章　マーケティングリサーチ（Marketing Research）の研究系譜の骨子を整理したものである[14]。この第7章の項目は次の6項目からなっている。(1)マーケティングリサーチの発展に影響を与えた諸要素（Factors Influencing Development of Marketing Research）(2)マーケティングリサーチの始め（Beginning of Marketing Research）(3)マーケティングにおけるリサーチの概念の進展（Evolvlng Concept of Research in Marketing）(4)マーケティングリサーチへの貢献（Contributions to Marketing Research）ここでは，①市場の質的決定（Qualitative Determination of Markets）②諸市場の測定度（Measurability of Markets）③市場調査（Market Surveys）④マーケティングと流通調査（Marketing and Distribution Research）⑤販売調査（Sales Research）⑥消費者調査（Consumer Research）⑦統計調査（Statistical Research）が考察されている。(5)1950年以降の思考の発展（Developments of Thought after 1950）(6)マーケティング思考への調査文献の貢献（Contributions of Research Literature to Marketing Thought）

なお，要点の番号はポイントごとにつけたので原文とは異なる。最後にマーケティングの発展とマーケティング・コンセプト，P. コトラーの研究年表及びアメリカ経済史と対比させるため，R. バーテルズの主な項目をピックアップして章末に資料としてまとめた。

1. マーケティングリサーチの実践は1910年に始まった。当時は工業生産で使用された方法をマーケティングにも応用したものである。1921年と1932年は不況によってマーケティングは非効率と費用がかかるとされていた。マーケティングが正しく理解されるにつれて，ショウ，ナイストローム，チェリントン，C. S. ダンカン（Shaw, Nystrom, Cherigton, C. S. Dancan）はマーケティングを組織的・科学的調査と関連させた。

　第1次大戦後，マーケティングリサーチに対する関心が増加した。当初政府，大学の企業調査局（bureaus of business research），広告代理店，メーカーと流通業者の調査部においてリサーチが行われていた。

　独立調査組織，メディア，貿易協会，コミュニケーションのチャネル，協同組合によってリサーチが提供され始めた。

2. マーケティングリサーチの始まり

　ラルフ・スター・バトラー（Ralph Starr Butler）は1947年の講演でマーケティングリサーチが1910年頃スタンレー・ラートショウ（Stanley Latshaw）によって始められ，キュルテス出版社（Curtis Publishing Company）のボストン（Boston）における広告についてなされた。

　C. S. ダンカン（Carson S. Duncan）はパーリン（Parlin）の調査を商業調査「Commercial Research」と呼んだ。最初の研究は農機具産業であった。これが最初のマーケティングリサーチの研究とされている。

　1879年にエリス（N. W. Ayres）と会社が穀物生産調整をしたが，パーリン（Parlin）は継続的，組織的調査活動に展開した最初のものであった。

　1912年，パーリンは人口5万以上の全都市を訪問し，百貨店，卸売織物店舗などの取引量を見積り，この研究で「最寄品，専門品，買回品」の概念に貢献した。5万以上の都市人口を調査する流通調査（census of distribution）

を実施した。

　パーリン（Parlin）のこの研究は「Saturday Evening Post」の広告増加を導いた。科学を管理と同じように事実発見を形成した。

　1916年アメリカゴム会社（United States Rubber Company）はポール・ナイストローム（Paul Nystrom）の指導の下に調査部門を設置した。

　1917年スイフト（Swift）と会社はウエルド（L. D. H. Weld）を会社の経営評論家（commercial）として雇用し，調査部門（Research Department）を組織することを委託した。

3．マーケティングにおける調査の概念の進展

　マーケティングが流通の過程と考えられていた時は，観察と分析の技術で十分であった。マーケティングが市場を発見すると調査技術が調査の主要な問題になった。マーケティングが内部管理の機能として考えられるようになったとき，販売，費用，在庫などの内部記録を収集し利用する方法が発展した。

　マーケティングが意思決定の領域として考えられるようになると，技術と方法が工夫された。**マーケティングリサーチの発展段階**は次のようになる。

1910年以前　　○科学的になされた調査であったが，その目的は企業問題を解決するためというより，目的を示すための情報収集であった。
　　　　　　　○広告業者による心理学者の発見に対する質問的調査というより学習の過程であった。
　　　　　　　○心理学者の外部的な客観的な調査というより仮説的・主観的な分析に基づいていた。

1910〜20年　　○流通取引について内部活動対策に関心が集中した。
　　　　　　　○ハーバード（Harvard）では経費の研究がなされ，雑誌社による世論調査に利用された。

1920〜30年　　○市場への関心の高まりは新製品の導入，マーケティング制度の成長，消費者の購買慣習に集中し，質問法の研究を活発化した。

1930〜40年　　○企業調査（Censuses of Business）によって調査の関心は統計的方法論へ向かった。

　　　　　　　○質的なものより量的な情報が強調され，販売に影響を与える諸要素の分析利用や販売割当の設定の利用であった。
　　　　　　　○1930年代のマーケティングリサーチは科学的販売管理に貢献した費用分析の多くは流通費の研究に使用された。
1940～50年　○統計的技術の洗練と社会科学の応用がなされた調査方法論への関心が増加した。
　　　　　　　○標本抽出理論に向けられた。
　　　　　　　○行動，注意，態度，習慣と「なぜと言う理由」についてパネル（Panels），面接名簿法（interview-roster methods），同時性法（coincidental methods），機械装置（mechanical devices），心理検査法（psychological testing techniques）の利用で情報の安全確保について確立された。
1950～60年　○マーケティングの管理的意思決定におかれたマーケティングリサーチでは，消費者動機の分析と比較行動科学，数学的・量的分析が発展した。

4．マーケティングリサーチに対する貢献

○初期の概念は製品のための市場の質的決定から成立していた。
○ショウ（A. W. Shaw）は市場分析を扱った最初の1人であった。「事業の諸問題に対するアプローチ」（「An Approach to Business Problem」）で市場分析に1章を設けた。そのアプローチでは流通問題，流通の諸問題：（「The Problems of Distribution」）が中心であった。
・生産，流通と経営的諸問題は同じように研究できると考えた。
・市場を顧客，心的態度，精神風土，人種的特質，人口密度によって区別されると考えた。
・経済的社会的諸要素によってつくられた市場の層を市場外形（「Market contours」）という用語を用いた。
・市場分析は誰が，どこで買ったか，何回市場へいったか，どのくらい金額を支払ったのか，消費者が手のとどく事のできる効果的な代理店を決定する目的のために市場細分化の考察を行った。

○カールソン S. ダンカン（Carson S. Duncan）は企業調査（「Business Research」）の諸原理を研究した。パーリン（Parlin）の調査を商業調査（「Commercial Research」）と呼んだ。
・企業経営の諸問題は市場問題であると考え科学的諸方法の適用をすすめた。
・商業調査（Commercial Research）を数量的な利用だけに限定しなかった。
・企業の経営過程の内部的外部的情報の利用を図った。
・経営にとって調査可能なものとして商品，取引組織，市場，人口統計，財産総計，賃金と価格，1人あたりの所得，生活水準，特定商品の市場，取引慣行，購買意思，潜在市場をあげた。

5．市場の測定度

○商業諸問題への科学的調査の適用が議論された後，マーケティングへの適切さが市場の測定度の概念を導入した。

6．市場調査（Market Surreys）

○測定方法論はマーケティング研究者のみならず社会科学者によって発展した。
○ウィリアム J. レィリー（William J. Reilly）はマーケティング調査（「marketing investigations」）にサーベイ・リサーチを加えた。
・1929年調査（investigation）において情報は少なく，面接の問題と質問法の利用について論及した。
・小売業者，消費者，ジョッバー（jobbers），マーケティング組織の潜在を情報資料として検討した。
・何が最も必要か（「What is Most Needed」）について，科学的方法の開発，市場調査員の訓練，手形交換所の制度，測定の強調，問題の継続的研究のための調査，均衡のとれた組織といった項目をあげた。

7．マーケティングとディストリビューション・リサーチ（Marketing and Distribution Research）

○リンドン O. ブラウン（Lyndon O. Brown）は市場調査と分析（『Market

Research and Analysis』）で量的分析，販売分析，市場傾向，広告調査，製品分析を扱った。
- マーケット・リサーチは一般的な方法で市場あるいはマーケティング・メソッド（marketing methods）の科学的研究と定義した。
- マーケット・分析は特殊製品，サービス（私企業のための）のための市場，マーケティング・メソッドの科学的研究と定義した。
- 科学の基本的方法を歴史的，帰納的，演繹的，分析的，実験的に明らかにした。
- 基本的マーケティング分析方法をサーベイ，観察，実験をあげた。
- 調査の問題を科学，マーケティング，隣接科学と関連づけた。

8．販売リサーチ（Sales Research）
○1920年代後半から販売管理が事実に基づく意思決定されるにつれ，マーケティングリサーチは内外資料から必要な事実を供給するようになった。
○パーシバル・ホワイト（Percival White）はこの分野の最初の1人である。
- 1929年販売割当（『Sales Quotas』）を市場分析（『Market Analysis』）の続刊として出版した。
- 販売割当を会社が自社のものにしようと計画している市場のシェアとして定義した。設定された目標が会社のため，地域のため，個人のために設けられたものとしてその割当の概念を明確にした。
- 販売予測の基礎としてこのタイプの調査を行った。

9．消費者調査（Consumer Research）
○質問票の利用は最初，マーケティング・リサチャー（marketing researcher）によって採用されたとき，意見を集め集計するためのものであった。
○質問票は心理学者，マーケット・リサーチに従事している人以外の人によって開発された。
○アルバート B. ブランケンシップ（Albert B. Blankenship）は心理学的調査に沿ってマーケティング思考に貢献した1人である。

- 消費者と世論調査（『consumer and Opinion Research』）：質問票構成の最も権威ある1冊である。この調査のフォームは社会学，心理学，マーケティング，広告，政治学，統計学に利用できる。
- 消費者と世論の調査をいかになすべきか（『How to Conduct Consumer and Opinion Research』：いろいろな組織によって調査のサービスが提供された。その組織には調査組織，サービス連盟が含まれていた。
- 市場とマーケティング分析（『Market and Marketing Analysis』）：質問票を多く取り入れた。マイロン S. ハイディングフィールド（Myron S. Heidingsfield）の共著，陪審法と観察の利用，比較合併貸借対照表，収益報告書も含めた。
- マーケット分析を人々の集団の欲望を評価する手続きとしてマーケティング分析をマーケティング方法の研究として定義した。

10. 統計調査（Statistical Research）

○統計的マーケットリサーチに貢献したのはロバート・ヘルバー（Robert Ferber）による『マーケットリサーチにおける統計的技術』（『Statistical Techniques in Market Research』）である。この文献はマーケット・リサーチというより統計テクニックであった。

11. 1950年以降の思考発展（Developments of Thought after 1950）

○マーケティングリサーチは販売戦略形成のための市場情報を論述するだけでなく，価格，製品政策，物的設備の地理的発展とマーケティング活動による投下資本の利用を決めるのに有用な情報を提供する。

○ロバート・ヘルバー（Robert Ferber）と，ヒューグ G. ウェルス（Hugh G. Wales）は**マーケティングリサーチの欠陥**を次のようにあげている。
①企業が事業活動の記録によって経験に頼り過ぎる。
②市場地域の変化のあとに役立つビジネス（business）に対して外部データの収集における時間的ずれは理想としていた状態を変えている。
③無意識でしかもゆがんだ部長，従業員の判断，サーベイ・リサーチ（survey research）を求めた人々の判断，オピニオン（opinion）の判断で

ある。

④ランダム・サンプル（random sample）に関連した質問法の手段によって収集された情報の有用性の限界。なぜならある問題に対するパブリック（public）への刺激，特定地域環境の発見の正当性，状況への新しい変化の予期されない導入がある。

12. マーケティング思考へのリサーチ文献の貢献（Contribution of Research Literature to Marketing Thought）

○次のことがリサーチのアイデア（ideas）とコンセプト（concepts）の導入による貢献である。

①消費者特性とアイデンティティ（identity），市場特性とアイデンティティがサーベイ調査（survey investigation）と統計データによって収集された情報（information）を通して確立された。

②マーケティングの何が事実の本質を成しているかコンセプト（concept）が明らかにされた。

③マーケティング活動の分析，測定，統制のためのコンセプトが明確になった。サンプリング（sampling），品質管理，販売割当，販売分析，流通コスト分析，相関係数，変数，営業率から成立している。

④マーケティング思考のコンセプトと用語はマーケット・リサーチ，マーケティング・リサーチ，リサーチの対照としての分析，サーベイ，フィールド・インベスティゲション（field investigation 調査），方法，テクニックス，内部データ，外部データ，統計学，心理学，社会学から引き出された知識を加えることによって効果が増加した。

⑤マーケティング思考は伝統，客観性，事実に基づく科学的なリサーチに引き上げられた。

第8章 マーケティング情報　121

(資料)　マーケティングの発展とマーケティングリサーチの研究系譜

比較項目 年代	〈マーケティング研究〉	〈マーケティング・コンセプト〉	〈マーケティングの歴史〉	〈マーケティング調査の発展〉	〈マーケティング・リサーチの技術の発展〉
1910年以前	伝統的マーケティング	生産志向	マーケティング生誕の時代 / 高圧的マーケティング時代	1880　○産業統計の時代（1880－1920） ○統計情報が重要 ○サーベイ調査開発	最初の観察　基本のサーベイ
1910～20					販売分析 営業者分析
1920～30		販売志向		○無作為標本抽出 ○サーベイ・テクニック ○科学的測定開発の時代（1920－1940） 　質問票、質問票の作成	質問票構成 サーベイ・テクニック
1930～40			低圧的マーケティング時代		割当標本抽出 単純相関係数分析 流通費分析 店舗・監査テクニック
1940～50			マーケティング・コントロール時代	○経営幹部認識の時代（1940－1950） 企業の経営幹部が抱える情報収集活動よりも、マーケティング意思決定の助けとなるような市場調査を利用することに関心をもちはじめた。市場調査はマーケティング調査とその名を変えた。	確率標本 回帰方法 発展的統計推論
1950～60	マネジリアル・マーケティング	マーケティング・コントロール		○実験計画法の時代（1950－1960） ○マーケティング調査者は、実験計画法とより科学的な方法を採用しはじめた。	動機調査 すべてのレション・リサーチ（OR） 多重回帰分析 実験計画
1960～70				○コンピュータ分析および数量的分析技法の時代（1960－1970） ○マーケティング調査およびマーケティング情報システムの数学的モデル化およびマーケティング意思決定分析に対するコンピュータの応用がいようになった。	態度測定器具 リグレッション・リサーチ　コンピュータ処理と分析 ベイジアン統計分析と意思決定理論 情報審査員と情報検索 尺度化理論
75					
1970～80	マイクロ・マーケティング	マーケティング	企業と社会の交渉の時代	○消費者行動理論開発の時代（1970－現在） マーケティング調査者は、消費者行動を利用して予測するための、定性的マーケティング調査に含まれる概念や方法論の精密化を行った。	多次元尺度法 計量経済モデル 包括的マーケティング・モデル テスト・マーケティング実験
1980	行動的アプローチ				因果分析 正準相関
現在					コンジョイント分析とトレード・オフ分析 コンピュータ統制面接 統一製品コードと光学読取装置

| 松江宏編『現代マーケティングと消費者行動』創成社 1995年 p.18. | Joel R. Evans, Bury Berman, Essentials of Marketing, Macmillan Publishing Company, a Division of Macmillan, Inc. 1984年 p.11. | 田内幸一・村田昭治編『現代マーケティングの基礎理論』同文舘 1986年 pp.4-7. | P.Kotler, Principles of Marketing, Prentice-Hall, Inc. 1980年（村田昭治監修『マーケティング原理』ダイヤモンド社 1983年 pp.172-173.） | Philip Kotler, Marketing Management: Analysis, Planning, Implementation, and Control, Prentice-Hall, Inc. 1988年 p.110. |

122　第3部　マーケティングリサーチ

比較項目年代	〈マーケティングにおける調査の概念の発展〉		〈アメリカ経済史〉
1910年以前	○科学的になされた調査であったがその目的は企業問題を解決するためというより目的を示すための情報収集であった。	1776年	独立宣言を公布。アメリカ合衆国の成立
1910～20	○Charles Coolidge Parlin（チャールズ・コリッジ・パーリン）によって市場調査の方法をマーケティングにも応用○第一次大戦後、市場調査に対する関心が増大。工業生産に使用され実施○流通取引について内部告発が中心となった。大学の企業調査部で市場調査専門部門「買回品」（Harvard）では経費節約（最終品）法の研究発表に貢献した。	1914年	第1次世界大戦、アメリカは中立を宣言
1920～30	○1921年によってマーケティングが非効率的なことがわかる、ジョン、ナイストローム、Carson S. Duncan（C.S.ダンカン）はマーケティングと関連させた。Parlinは『Commercial Researchと呼んだ○市場への関心の高まりは新製品の導入、マーケティング慣習に集中し、消費者の購買慣習の成長、前回法の研究を活発化した。○Reillyは面接と質問法を研究○Percival White [Sales Quotas] 出版	1929年10月	"暗黒の木曜日" NY株式市場大暴落。世界大恐慌の勃発
1930～40	○1932年　不況によりマーケティングは非効率であるとの[Censuses of Business]による調査の関心は統計的方法論へ向かった。○Percival Whiteは1931年に[Marketing Research Technique]を出版○1937年　Ferdinand C. 流通費の研究Wheelerによって[The Technique of Marketing Research]を出版	1933年	F. ルーズベルトがニューディール政策を打ち出す
		1939年	第2次世界大戦起こる
1940～50	○統計技術の応用がなされた。調査方法論への関心が増加した。標本抽出理論　機械装置、同時性、商店、パネルテスト法　面接名簿法、バズ法、パッケージリサーチ、際応心理テスト○1949年　Brownは製品、パッケージリサーチ等の多くの開発された。○1940年代はマーケティング問題の変化による新しい方法の採用やリサーチの新しい方法の適用が生じた。	1941年	日本軍、真珠湾を攻撃、太平洋戦争勃発
		1945年	第2次世界大戦終戦
		1947年	マーシャル・プラン発表
1950～60	○マーケティングの管理的意思決定におかれた。マーケティング・リサーチは消費者動機の分析と比較行動科学・数学的量的分析が発展した。○1950年代はマーケティング・ミックス（marketing mix）を調和させることにより、それを変化しつつある環境に使用することによって、マーケティング・マネジャーの意思決定や戦略を強調することになった。	1951年	日米安保条約調印
1960～70	1950年代以降、販売活動のための市場情報でなく価格、製品政策、物流設備の地理的発展とマーケティング活動による最大の利益を得るための投下資本の利用を求めるのに有用な情報を提供することが開発された。・Robert Ferber, Hugh G. Walesによって『マーケティング・リサーチの欠陥が指摘された。	1962年	キューバ危機
75		1964年	ベトナム北爆開始
1970～80	・Harper W. Boyd, Ralph Westfallは実験的な方法に注目した。・David E. Favilleは人間の概念を経済機能だけでなく形態心理学、心理分析などの関連を研究した。文章実験法、リッカート法、深層面接法、絵画法などの方法が発展した。・Frank M. Bassによって[Mathematical Models and Methods in Marketing]を出版	1971年	ドル・ショック。ニクソン大統領ドル防衛策を発表ドル下落から変動為替制度へ
		1974年	金解禁
1980現在	〈マーケティング思考へのリサーチ論への貢献〉・消費者の特性とマーケティアは、リサーチ市場ハイ調査と統計データによって収集された情報によってマーケティング活動の分析・確立と心理学、デモグラフィックなどを分析しているかのコンセプトが明らかとなった、営業活動の企業からならびマーケティングの特性に基づくリサーチが発展してきたリサーチによる品質管理流通コストマーケットシェアを測定する活動の科学に基づく測定する活動が発展した。顧客性、真実性ならびにコンセプトが発達してきた。顧客性、真実性に基づく科学的な位置づけや高い記述への引き上げられた。	1982年 2月	レーガン大統領、レーガノミックスを発表
		1985年 9月	卒業率最初初めて合意（10.1%）（G5）、サ、サミット
		1987年10月	ブラック・マンデー
		1989年12月	米ソ会談にて東西冷戦の終結を確認
		1990年 6月	ドル下落、経済協議、マーケ構造協議
		1993年 1月	クリントン第42代大統領

Robert Bartels, *The development of Marketing Thought*, RICHARD D. IRWIN, INC. 1962年, pp.106-124.
原田和明『マーケティング・アメリカ経済入門』日本経済新聞社 1993年. p.26.

注

1) 松木繁義「マーケティング・リサーチ」中村・小堀・田口・松木・石居・城田・長谷川・三浦・有馬・浅野・加藤・實多著『マーケティング論』商学研究社　1994年　pp.63-64.
2) 松木繁義『前掲書』pp.65-67.
   野口智雄・塩田静雄『マーケティング調査の基礎と応用』中央経済社　1994年　pp.7-8.
3) 松江宏編『現代マーケティングと消費者行動』創成社　1995年　p.86.
4) 松木繁義『前掲書』pp.67-68.
5) 田内幸一・村田昭治編『現代マーケティングの基礎理論』同文舘　1986年　p.119.
6) 浜田芳樹編『マーケティング論』建帛社　1990年　p.75.
7) Philip Kotler, *Marketing Management: Analysis, Planning, Implementation, and Control*, 6th ed, Prentice-Hall, Inc. 1988年, pp.102-103.
   Philip Kotler, *Marketing Essentials*, 1984年（宮澤永光・十合晀・浦郷義郎共訳『マーケティング・エッセンシャルズ』東海大学出版会　1990年　pp.66-67.）
8) 浜田芳樹編『前掲書』p.76.
9) Joel R. Evans & Barry Berman, *Principles of Marketing*, 2nd ed., Macmillan Publishing Company, a division of Macmillan. Inc. 1988年　p.64.
10) Philip Kotler, *op. cit.*, p.131.
11) Philip Kotler,（宮澤・十合・浦郷共訳,『前掲書』）pp.72-73.
12) Philip Kotler, *Marketing Management: Analysis, Planning, Implementation, and Control*, 6th ed., Prentice-Hall, Inc. 1988年　p.107.
13) Joel R. Evans & Barry Berman, *Principles of Marketing*, 2nd ed., Macmillan Publishing Company, a division of Macmillan. Inc. 1988年, pp.48-49.
14) Robert Bartels, *The Development of Marketing Thought*, 1st Richard D. Irwin, Inc. 1962年　pp.106-124.

第9章　マーケティングリサーチの意義と役割

第1節　マーケティングリサーチの意義

　第8章第3節の「マーケティング情報システムとマーケティングリサーチ」の項では，P.コトラーとエバンス，バーマンのマーケティングリサーチを紹介した。本節では，それに加えて，D.A.アーカー，G.Sディのマーケティングリサーチの定義とマーケティングリサーチの泰斗桐田尚作のマーケティングリサーチの意義について検討する。

　マーケティングリサーチは単に民間企業だけでなく公共部門の組織においても有効に活用されている。David A. Aaker, George S. Day（D.Aアーカー，G.Sデイ）によれば「**マーケティングリサーチ**は，組織と市場環境を結びつけるものである。それは，情報の特定，収集，分析，解釈をふくむものであり，それによって経営管理者はその環境を理解し，問題や機会を識別し，マーケティング行為の代替案を開発し，評価することができる」定義している[1]。この定義を見ると，マーケティングリサーチは，経営管理者の意思決定に対する識別材料として評価している。

　市場調査研究の先駆けである桐田尚作は，Marketing Researchの訳語として市場調査を用い，次のように定義し解説している[2]。

　市場調査は，「市場流通に関する問題を解決するのに役立てるために，科学的方法によって情報を把握することである」と定義している。この定義から市場調査の考え方を整理すると次のようになっている。

　(1)市場流通とは，社会における商品およびサービスと資金との交換である。市場に働きかけるものは，商品を提供する企業ばかりでなくサービスを提供する政府や非営利法人もある。

　(2)問題解決とは，市場において企業・非営利法人・政府が消費者の変化やライバル企業の競争にともない問題が生じればこの問題を解決する方法を考えなければならない。この解決方法を経営者は自己の見識によって判断を決定するが，それを実施したのではリスクが大きいので科学的方法によって情報を獲得して論理的な判断を下せばリスクを最小限にすることができる。

(3)科学的方法には，歴史的方法，帰納法，演繹法，分析的方法があるが，市場調査において用いられるのは分析的方法である。分析的方法には，記述分析，因果分析，論理分析に類型化される。**記述分析**は変化が多く理解に困難な観察事実を，小さな等質の事実に分離し観察して記述する方法である。**因果分析**は事実を時系列を通して観察し，ある事実の諸要因をそれぞれ原因として観察し，それらの諸要因すなわち原因とその結果である事実との関係を明らかにするものである。**論理分析**は事実上問題に直面して考察してえた論理的命題について，その命題に現われている諸概念を実態について把握し，さらにその論理的関係を事実によって実証する方法である。

記述分析も因果分析も論理分析の枠の中で行われることが多い。この論理分析こそ市場調査において重視される方法であると述べている。

これらの定義から，ここではマーケティングとの関係から**マーケティングリサーチ**を次のように考える。

企業は市場において自社商品の需要を創造し拡大を図るためにマーケティング環境を把握し，標的市場における標的顧客を決定する。そして，それに対応したマーケティング・ミックスを開発する。企業の経営者は経営戦略を策定するために，政治経済・自然環境・文化的・社会的環境・消費者市場などマーケティング環境を把握し自社の経営資源を生かして企業の直面する諸問題に対する解決策を樹立しなければならない。ここでは企業が直面しているマーケティング諸問題に対する解決策を，経営者に経営の意思決定の判断材料を提供するために科学的な方法によって情報を獲得することがマーケティングリサーチであると定義しておく。

第2節　マーケティングリサーチの役割

企業経営者が経営活動を遂行する場合，経営の意思決定にあたって過去の経験や感にたよるのでなく科学的に情報を収集し分析する必要がある。経営者にとって(1)競争に勝つこと，(2)業績を測定すること，(3)金融や企業イメージのリスクを減らすこと，(4)広告の確実性を改善すること，(5)消費者態度を決定すること，(6)意思決定の支援をすること，(7)直感を確認すること，(8)効果を改善すること，(9)戦略を調整することであるなどの理由からマーケティングリサー

チを必要としている[3]。

　出牛正芳によると市場調査は，新製品開発のみならず，マーケティングのあらゆる問題解決のために，すぐれた参考資料を提供してくれるとして，次のような項目を挙げている[4]。

1．経営におけるマーケティング問題の障害となっている原因の解決に役立つ。
2．市場の情報を科学的に収集することにより，勘，推量，意見，その場の感じというよりも事実に基づき安心した経営政策を樹立できる。
3．経営が市場についての科学的知識に基づいてマーケティング活動をしていることは，従業員が自信を持って仕事に従事することができる。
4．新製品や改良製品等のよきアイディアをうることができる。
5．新市場や新顧客を発見するのに役立つ。
6．潜在需要の理由を明らかにすることにより市場創造することができる。

　最後にマーケティングとマーケティングリサーチとの関係でまとめておくと，マーケティングにはPuroduct（製品），Price（価格），Place（流通経路），Promotion（プロモーション）の頭文字をとって「4P」といわれる要素があります。製品については市場規模，消費者ニーズの把握，製品コンセプト，ブランド・イメージ調査など製品策定において必要であり，価格設定では，新製品価格設定調査，消費者の値ごろ感，競合他社の調査が必要となる。流通経路では，流通経路別配荷量調査，プロモーションでは，広告効果測定や販売促進効果においてマーケティングリサーチが重要な役割とサポートをしている[5]。

注
1）David A. Aaker, George S. Day 1980（石井・野中訳）『マーケティングリサーチ』白桃書房　2001年　p.4。
2）桐田尚作『市場調査』同文舘　1972年　p.8
3）Joel R. Evans & Barry Berman, *Principles of Marketing*, 1995, p.84。
4）出牛正芳『市場調査の実務要領』同文舘　1970年　p.5。
5）石井栄造『マーケティングリサーチ』日本能率協会マネジメントセンター　2001年　pp.12-13。
　　指方一郎『図解よくわかるこれからの市場調査』同文舘2008年　pp.12-13。

第10章　マーケティングリサーチの範囲と手順

第1節　マーケティングリサーチの範囲

　マーケティングリサーチの範囲を（1）市場に関する調査（2）製品に関する調査（3）プライシングとプロモーション政策に関する調査について D.W. Mellott（メロット）の所説を中心に要約する[1]。

1．市場に関する調査
(1)　消費者行動分析をすることによって，消費者の購買行動の特徴がわかる。例えば，製品知名，広告想起，商品の購入経験・購入銘柄・購入量・使用方法・使用頻度等がわかり市場における商品に課題が発見される。ブランドロイヤルティの強さはブランド意識調査によって発見される。
(2)　競争状況の分析では市場における競合他社の製品，ブランドの数やタイプが明確になる。競合製品の特性（サイズ，形態，業績，価格など）についてマーケティング意思決定の参考になる。例えばＡブランドが品切れだとしたらＢブランドにするか，どのブランドにするかを聞いて，その結果で代替関係にあるブランド同士は競合している。
(3)　販売分析では，販売地域の割当や自社の販売員，卸売業者，小売業者の業績に対する測定の基準を開発する。耐久消費財の場合には，今後の購入計画，購入意向を質問する。
(4)　流通チャネル分析では，新製品と既存製品の両方に用いられる。企業は必要とされる小売店や卸売業者の形態と数を決めねばならない。メーカーが流通経路調査を行う場合，流通のネックを発見しその改善を図ることができる。また流通組織の効率化と受発注システムの構築の材料を得ることができる。調査項目ではチャネル別取扱量，ディラーの役割分担などが考えられる。

2．製品に関する調査
(1)　製品計画において，企業が現在の市場にいかに浸透し競争出来るかを決定する。また，どんな新製品が将来の市場に受け入れられるかを決める。

新製品開発のための調査には，社内の営業情報の活用はもちろん小売店のデータと顧客・消費者の情報を分析する。

例えば，メーカー想定分野の先行商品について調査を行う場合の質問項目としては，①商品の認知，②ブランド認知，③ブランドごとの広告媒体認知，④商品の購入経験，⑤現在の使用ブランド，⑥商品の購入頻度，⑦商品の購入場所，⑧商品・ブランドの今後使用意向等が考えられる[2]。

(2) パッケージングの市場調査では販売の成果を推測される包装デザインの種類を決めるのに利用される。テストは提案されたデザインに対して消費者と中間業者の反応を得るためになされる。

3．価格政策とプロモーションに関する調査

(1) **価格政策**に役立つマーケティングリサーチは競合製品の価格や自社製品のマーケティングコストについて示すことができる。受容される価格帯の測定は，価格受容性測定法が用いられる。対象者に対する質問は①少し高めの価格，②少し安めの価格，③高すぎる価格，④安すぎる価格をカードにして相手に見せて価格政策を考える[3]。

(2) **プロモーション**に関する調査は，企業はメディアの受手（読者，視聴者）の特性と特別なメディアの影響についての情報のための市場調査を実施する。

広告および商品の浸透状況をつかむための調査の場合，競合他社との差が，広告手段なのか，頻度なのか，コンセプトなのかを明らかにする場合の調査項目としては次のことが検討される。①商品認知—洗顔用美白洗浄液の認知，②洗顔用美白洗浄液の認知ブランド名—純粋想起，③洗顔用美白洗浄液—ブランド名の再認認知，④ブランド別認知経路・認知手段，⑤ブランド別認知媒体名，⑥ブランド別認識イメージの内容，⑦ブランド別購入経験，⑧現在の使用ブランド，⑨ブランド変更の場合，その理由について設定することができる（指方90頁）。広告効果の測定として，事前事後計画による測定はある期間の広告キャンペーンについて，その前後に同一サイズの標本を選んで，広告銘柄の知名，イメージ，購入意向，広告認知，広告内容想起，各銘柄購入量を同一様式で調査する。その結果を比較して期間中の増加量をもって広告効果とみなす[4]。

現在，アメリカでの599社の調査活動では，広告調査では広告効果調査，新製品調査では，競合品調査，販売・市場調査では，市場潜在性の測定，市場シェア分析，市場特性分析が主流となっている[5]。

現在，最もよく行われている活動は，表10-1に示すように潜在市場の測定，マーケット・シェア分析，市場特性の分析，販売分析であり，その活動は多方面にわたっている。

表10-1　599社のマーケティングリサーチ活動（Table 4-1）

	広告調査			製品調査	
A	モチベーション・リサーチ	48	A	新製品の受容と潜在力	76
B	コピー調査	49	B	競争製品研究	87
C	媒体（Media）調査	68	C	既存製品の検査	80
D	広告効果研究	76	D	包装調査：デザインあるいは物的特性	65
E	競争広告研究	67			

	経営経済と企業調査			販舞・市場調査	
A	短期予測（1年以内）	85	A	潜在市場の測定	97
B	長期予測（1年以上）	87	B	マーケット・シェア分析	97
C	ビジネス動向の研究	91	C	市場特性の測定	97
D	価格設定研究	83	D	販売分析	92
E	工場・倉庫立地研究	68	E	販売割当，テリトリィーの設定	78
F	企業買収研究	73	F	流通チャネル研究	71
G	輸出・国際研究	49	G	テスト・マーケット，小売店監査	59
H	MIS（マーケティング・インフォメーション・システム）	80	H	消費者パネルの実施	63
I	オペレーションズ・リサーチ	65	I	販売報奨研究	60
J	社内従業員調査	76	J	プレミアム，クーポン，サンプリング，値引のプロモーション研究	58

	企業責任調査	
A	消費者の「知る権利」の研究	18
B	生態学的影響に関する研究	23
C	広告とプロモーションに対する法的規則に関する研究	46
D	社会的価値と社会政策の研究	39

原典：Dik Warren Twedt, ed., 1983 Surrey of Marketing Research（Chicago: American Marketing Association, 1983）. p.41.
出所：Philip Kotler Gary Armstrong *Marketing: An Introduction*, Prentice-Hall. Inc. 1990年　p.87.

4．顧客満足度

マーケティングとは何かとの問に対して，「売れるしくみ」を作ることを目標することであるとか，顧客満足を図ることと言われている。

ここでは，経営努力としての顧客満足度調査の主なものについて触れておく[6]。

（1）常設型アンケートはスーパーマーケットや量販店，ホテル，レストランなどで見られる，調査項目はスーパーの場合は①売場，②品揃え，③商品の品質・鮮度，④値段，⑤トイレ等の店内設備，⑥駐車場・駐輪場，⑦従業員対応，⑧その他。ビジネスホテルの場合では，①予約について，②ホテルを選んだ理由，③当ホテル以外のよく利用するビジネスホテル，③旅行の目的，④利用頻度，⑤フロントの接客態度について，⑥朝食のサービスについて，⑦レストランについて，⑧客室整備・部屋の掃除について，⑨館内施設について，⑩宿泊料金について，⑪利用に関する満足度，⑫ホテルを知った媒体など。ラーメン店の場合は，①来店頻度，②来店動機，③料理メニューの味，値段，提供時間，④接客態度について，⑤スタッフのやる気などの雰囲気。大型電機店の場合は，①従業員の挨拶・笑顔，②接客について，③レジの対応，④店員の商品知識，⑤店の雰囲気・清掃状況など，カレー店の場合は，①利用動機，②店舗利用・選択理由，③利用頻度，④満足度について：商品・提供時間・サービス・店内外の清潔さについて，⑤本日のメニュー

5．ミステリーショッパー調査

ミステリーショッパー調査とは，顧客のふりをした調査員が店舗や施設を訪問し，買い物やサービスの提供を体験し，売場や接客，サービス内容などについて，顧客の立場から評価する調査。飲食店の場合の調査項目は，接客・応対の評価が中心で，入店時の挨拶，飲料や料理の待ち時間，従業員の言葉づかい，応対の態度・適切さ，問題発生時の対応，清掃状態，内装や雰囲気，レジの処理，退店時の挨拶などが考えられる[7]。

第2節　マーケティングリサーチの手順

1．研究者による手順

　マーケティングリサーチの手順は，アンゲールンやブラウンなど研究者により異なっているが，基本的な作業手続きは一致している[8]。これを１．予備調査の段階，２．正式調査の段階，３．結果処理の段階に区分して説明する。

アンゲールン
　（１）市場調査の準備
　　　(1)調査目的の決定
　　　(2)調査方法の計画
　　　(3)標本抽出
　　　(4)質問票の作成
　　　(5)個別調査の編成
　（２）資料の収集
　　　(1)個別情報の編集
　　　(2)個別資料の集計
　　　(3)調査結果の記述
　（３）調査結果の評価

ブラウン
　（１）状況分析
　（２）略式調査
　（３）正式調査計画
　（４）データの収集
　（５）集計と分析
　（６）調査結果の解釈
　（７）調査結論の提出
　（８）フォローアップの手順

2．マーケティングリサーチの手続

（1）予備調査の段階

１）状況分析

　状況分析の目的は，まず調査すべき問題に関する社内外の基礎的な製造・販売等に関する資料収集を行い検討する。そして問題に関する背景的知識を整理して，問題が存在しているか否かを調べる。問題が存在すればそれをどのようにして解決したらよいかを考える[9]。

２）略式調査

　状況分析の結果，問題が明確となり理解されると，その問題の解決策を考

究する。この問題の解決策を考えるため，消費者や小売業者等の流通業者に対する面接を行いそれによって得た情報を基に仮説を展開して市場の感じをとらえることである。略式調査の報告書は市場のウゴキを伝えマーケティング活動に新しいアイデアを提供し，経営政策に役立てる[10]。

（2）正式調査の計画

正式調査の計画を立てることは，市場調査手順として重要な段階である。桐田は市場調査計画にあたっては，①調査目的の決定，②調査テクニックの決定，③資料の種類と資料源の決定，④資料収集に用いられるべき書式の準備，⑤標本抽出，⑥試験調査の実施，⑦調査作業計画の費用決定，による作業が順序よくおこなわれるべきとしている[11]。以下，主な内容をまとめると次のようになる。

1）調査目的の決定

調査目的は，状況分析の結果問題が明確となりその問題を解決する調査目的が明らかになりそれを論証するために仮説を決定し調査目標を決めることである[12]。

2）調査方法の決定

質問法は質問紙を用いる質問法で最も広く行われている。一般にアンケート（enquete）と言っているがフランスの文献においても questionnaire とよんでいる。調査票を記入するのが自分か他人かによって，郵送法や面接法，電話法等に分けることができる。それぞれ長所，短所あるがその他には，パネル法，動機調査法，観察法，マーケティング実験法，インターネット調査法などがあるが調査目的，調査費用などを検討して選択する。

3）資料の種類・資料源と資料収集に用いられる書式の準備

① 資料の種類には第1次的資料と第2次的資料に区分される。**第1次的資料**とは，マーケティング戦略を展開するための実践的な新規資料であり，実態調査によって収集される。**第2次的資料**とは企業内部や外部の既存の資料である。企業内部の資料とは，企業の経営活動における営業報告書，

財務諸表, 顧客情報, 流通情報, 会社の沿革史など会社の記録である。企業外部資料とは, 政府（内閣府：国民生活白書, 家計消費の動向, 総務省：国政調査, 経済産業省：商業統計調査, 工業統計調査等）, 金融機関, 報道機関, 電通など広告会社で作成された刊行物である。

② 資料収集に用いられる書式の準備は, 質問票の作成, 質問項目の検討, 質問方式として自由質問法か多項選択質問か順位質問かなどを考える。実際に調査を行う前に事前テスト（pretest）を行う, プレテストの標本数は20前後行うことが望ましい[13]。

4）標本抽出

　調査対象となる人, 企業, 店舗などの総数は母集団である。この母集団全部を調査するのが全数調査（悉皆調査）である。調査対象の母集団の一部から標本として選び出し, この標本を対象に調査を行うのを標本調査である。標本調査にあたっては, 標本設計の1部としてサンプリングが行わなければならない。サンプリングには(1)無作為抽出法, (2)有意抽出法がある。無作為抽出はサンプリングを代表している。有意抽出法は標本が母集団を代表するものでなかったり, 信頼度を統計的に確認しえなかったりする。

5）調査費用と調査実施について

　集計方法, 調査票等の印刷, 調査員の手配, 依頼状の発送, 調査員への教示, 調査票の検票, 追加調査, データ入力集計表の作成, 統計分析, 報告書作成までのスケジュールの検討と調査に関わる会議費, 交通費などの費用の見積を算出する。

（3）結果処理の段階

1）集計・分析と解釈

　収集されたデータは集計をおこないこれを分析して解釈する。その手続きは次のように過程を経る[14]。
データを解析するには
① 調査票の回答内容をチェックする：自由回答法の質問に対する回答のコー

ディングや調査データの入力作業を行う。
② 質問項目別に調査対象の特徴を把握する：単純集計を行い度数分布表やヒストグラフを作成する。その際には，次のことに注意する。①実数でなくパーセントで示す，②パーセントを決めるときに基数を決めておく，③無回答を集計の対象に含めるか，④回答選択肢の統合を考える，⑤順位回答形式の質問は順位ごとに集計する。⑥度数分布表とヒストグラフを作成する：データの中心や散らばりを把握する。
③ 比較によりデータを読み取る：統計的仮説検定，
④ クロス集計を行う：横計，縦計，総計をチェックする，
⑤ 質問項目間の関係の有無を検定する：χ^2検定，多次元的に解析する。

2）報告書

分析の結果を報告書にまとめることができる[15]。

報告書の作成のポイントは①報告相手を想定し，②専門用語は避け，平易で明快な表現を用いて作成する。報告書の内容は，企業の意思決定の判断資料となる内容を要約する。調査を企画するにいたった事情と，調査で何を達成しようとしているかをまとめ，仮説の設定から調査目的を説明する。次いで，調査計画・方法，結果の分析，結論と提言である。最後に統計表，調査票などの付属資料を付ける。

注
1) D. W. Mellott, *Marketing: Principles & Practices*, 1978, pp.98-99。
2) 指方一郎『図解 よくわかるこれからの市場調査』同文舘2008年 p.42。
3) 後藤秀夫『市場調査ケーススタディ』みき書房1999年 p.282。
4) 後藤秀夫『前掲書』p.286。
5) Philip kotler & Garry Armstrong, *Marketing: An Introduction*, 2nd ed., Prentice-Hall, 1990 p.87.
6) 指方一郎『前掲書』pp.100-103。
7) 指方一郎『前掲書』pp.108-111。
8) 桐田尚作『市場調査』同文舘 1972年 p.72-75。

9）桐田尚作『同上書』p.84-85。
10）桐田尚作『同上書』p.98-101。
11）桐田尚作『同上書』p.107。
12）調査目的によって，探索的調査，記述的調査，因果的調査に分けることができる。探索的調査とは，「アイデアと洞察の発見」を目的としている。基本的な機能は，課題を明確にして仮説を設定することであるが，課題についてより理解を深めることや，次に行う調査の優先順位や調査項目を決める機能も持っている。文献調査，定性的リサーチなどの方法がある。記述的調査とは，「市場の特性や機能」が記述される。すなわち，あるタイミングにおける市場のある側面を構造的に描き出す。方法にはサーベイリサーチ，パネル調査，観察法などがある。因果的調査とは，因果関係の証拠を得ることを目的とした検証的リサーチである。方法にはフィールド実験などがある。
高田・上田他『MBAマーケティングリサーチ入門』東洋経済新報社　2003年　pp.37-41。
林・上笹他編『体系マーケティングリサーチ事典』同友館　2000年　p16-17。
David A. Aaker, George S. Day 1980（石井・野中訳）『マーケティングリサーチ』白桃書房　2001年　p.66 に依拠している。
13）桐田尚作『同上書』p.124。
14）辻新六・有馬昌宏『アンケート調査の方法』朝倉書店，1999年　144-183 に詳しい
15）後藤秀夫『前掲書』p.252。
高田博和・上田隆穂他『マーケティングリサーチ入門』pp.195-198。

第11章　マーケティングリサーチの方法

第1節　マーケティングリサーチ方法の判断基準と測定

1．マーケティングリサーチ方法の判断基準

　マーケティングリサーチの方法は，調査票を誰が記入するかによって（1）自記式：郵送調査・集合調査等と（2）他記式：面接調査・電話調査等に分類する方法や（3）調査の継続性に着目した分類によるパネル調査・継続調査に分類できる[1]。また，調査票を用いて行う調査票調査と調査票を用いないで行う質的調査に区分することができる。この2種類の調査は調査結果の解析方法からみると，調査票調査は定量的処理を質的調査は定性的処理を行うことが多い[2]。このように調査をいろいろ区分でき，それぞれにメリット・デメリットがある。大谷・小松によれば次のような判断基準を示している[3]。

　①被調査者本人が調査票を記入したか，回答が周囲の人物の示唆を受けていないかという回答内容の信頼性に対する基準，②どの程度（量および深さ）の質問項目を調査することができるかという回答の量的・質的制約に関する基準，③被調査者に対して調査員が与える影響に関する基準，④回収率の基準，⑤人的・金銭的なコストに関する基準，⑥調査に要する日数の基準，⑦プライバシー保護に関する基準，⑧回答の疑問に対する説明可能性の基準等を挙げることができる。

　以下では，質問法：面接法・郵送法・電話法：ＲＤＤ法，集合調査法，インターネット調査，パネル法，動機調査法，観察法，マーケティング実験法・官能検査，質的調査の概要について解説する。

第2節　各種の調査法

1．質問法

　質問法（questionnaire method）は測定法（survey method）とも呼ばれている。この方法は回答者に調査項目（回答者に関する何らかの事実，または回答者の意識）を質問するかたちでデータを得るもので時間，費用，地域的範囲の

広さ，質的項目などを考慮して，面接法，郵送法，留置法，電話法がもちいられる[4]。

（1）面接法

面接法とは，調査者が調査対象者に直接会って質問をして，聞き取った回答を調査者が記録する方法である。長所としては，調査者が直接質問するので掘り下げた質問を行うことができる。本人かどうかの確認がとりやすい。反面，対面では回答しづらい質問がある。実施に時間とコストが大きい。回答者の反応についてのバイアスの危険も高い。面接形式により個別面接法と集団面接法に分けることができる。個人の深層心理まで及ぶ深層面接法や街頭面接法，訪問面接法などがある[5]。

（2）郵送法

郵送調査法は郵送調査法（送付・返送共郵送），留置面接調査法（送付は郵送），留置郵送法（返送は郵送）に区分されるが，一般的には郵送調査法を指している。郵送法とは，調査対象者に調査票を郵送し，調査票に回答を記入して返送してもらう方法。長所としては，広い地理的範囲を対象とした調査に適している。多人数のサンプルに適している。不在がちの人にも調査できる。プライバシーを守りやすい。調査員によって回答が変わるバイアスがない。短所として代理回答があり得る。回収までに時間がかかる[6]。相対的に費用が安くつくが回収率が低く約20％程度である。費用は2度，3度督促を出したりすると通信費など結構な費用となる。最近返信率が悪いので，費用を下げるため，返信者のみ費用を負担する受取人払いが多いように見受けられる。調査票の配布と回収のいずれかを郵送する郵送留置もこの方法にいれる事ができる。

（3）電話法

電話法とは対象者に電話で質問を行い，電話によって回答を求める方法。長所は回答が迅速で費用も少なく，回答率も高い。短所は調査対象者が電話所有者に限定される。掘り下げた質問ができない。回答者が在宅・在室率の

高い人に偏る。現在ではファツクス調査も実施できる[7]。

　ＲＤＤ法とは，固定電話の番号を乱数表によって抽出する方法である。電話帳に代わって，乱数によって電話番号を抽出し，それを標本とする。例えば，固定電話の番号は名古屋０５２－０００－０００，東京０３－００００－００００のように，市外局番を含めると10桁で成り立っている。そこで，市外局番と市内局番の対応地域は公表されているので，調査地域に合わせて選択する。その上で，下４けたの固定電話の固有番号について，乱数表を用いて電話番号を抽出する。調査対象者を一般家庭である場合には工夫を要する[8]。

（４）集合調査法

　調査対象者が集まっている場所（会社，学校）で，一度に調査票を配布して記入してもらう。１カ所に集まってもらい質問紙を配布。長所は回答者に対する説明が可能である。短期間で一度に回収できる。回答のための時間は短い。多量の質問も可能である。短所は調査地域が狭い。調査費用は小さい。統計的推測のために有効な標本設定がおこないにくい。回答が調査員や周りの人々の影響を受けることがある[9]。

（５）インターネット調査

①インターネットの特徴と種類

　インターネット調査は，インターネットなどで回答者を募集し，アンケートの回答や回収をインターネットのサイトやＥメールで行う方法である。その特徴を見ると次のように整理できる[10]。長所として，調査対象者リストが不要，サンプリングなしでも可能，調査員が不要，回答データはそのまま集計できる，低コストで情報を得られるなど短期間で調査結果が判明する。大量の標本数を確保することができる。画像や動画を使っての調査ができる。インターネット調査に適しているのは，インターネットに関連性が高いテーマ，ある商品のブランドＡのユーザーなど特定グループの意見・意識・行動把握の収集分析に適している。短所としては，回答者が性・年齢・氏名を偽ったり，謝礼目的による重複応募をする欠点がある。統計的に抽出した標本の

性別などの標本構成と母集団構成とのあいだに統計的な有意な差がある標本調査には不向きである。こうした匿名性や代表性をなくすために，謝礼の銀行振り込みを行ったりしているが年齢や職業などの本人の確認には限界がある。代表性をカバーする方法として，調査モニター（アンケート調査に回答することを前提に会員登録をした人）を特定して属性を確認し，パネル標本を設定する方法などがある。

インターネット調査の種類は，回答者募集方法が一般的である。回答者の募集方法にはオープン型とクローズ型に分類できる[11]。

オープン型とは，Webページにアンケート内容を公開し，バナー広告などで調査協力を広く呼びかけるもので，特定の個人に対する調査依頼は行わない。一人で複数回応募する場合のチェックが困難である。クローズ型とは，Webページでの公募，懸賞募集によるなど他の目的で集めた人，郵送調査などによる調査の回答者のなかの応諾者などで集めた調査モニター登録者から調査の目的に合わせてそのつど実際の調査対象者を選んで行う。

②インターネット調査と標本調査の違い

酒井はインターネット調査と標本調査を対象者・回答者の違いについて，図Ⅰのようにまとめている。

	標本調査	インターネット調査（クローズ型）
母集団	調査対象母集団の定義が明確	インターネット利用者名簿がない 調査モニターはインターネット利用者の縮図ではない。調査モニターの属性を自己申告で把握
対象者抽出	対象者リストからサンプリング	調査会社のモニターリストから抽出・選定し，抽出・選定した人に協力依頼
対象者リスト	調査への関心がない人も含む 住民基本台帳，電話帳，住宅地図，顧客名簿，会員名簿	ポイント獲得目的で登録した調査会社のモニター。広告サイトに自ら応募した人
協力の任意性	依頼主との関係は一時的であり，協力は全くの任意である	依頼主との関係は継続的契約であり，随時，協力が要請される

協力の動機	調査テーマへの関心＋謝礼品	ポイントの蓄積
謝礼	依頼は非継続的で，謝礼品は小額	協力に応じる回数が多いほどポイントを貯めることができる

出所：酒井隆・酒井江都子『図解インターネットリサーチがわかる本』日本能率協会マネジメントセンター　2007年　39頁を抜粋

2．パネル法

　同一対象者に特定の調査を一定期間ごとに反復実施するものである。この調査では同一調査項目を同一対象者で定期的・継続的に調査することも目的としている。一定期間にわたる市場の動き，消費者慣習とか，傾向など商品の動きを把握することができる。その反面，調査期間が6ケ月から数年間にわたるので，対象者の選定が難しく，対象者が脱落することも多い。また，調査費用も高くなる。パネルからの報告は，調査員による面接質問，購買した銘柄，買物場所などを日記帳に記録してもらったり，定期的に郵送する質問票に記入してもらって資料の収集に努める[12]。

3．動機調査法

　消費者の購買動機を内面的な感情，意思，欲求などの心理作用との関係を研究する方法である。動機調査に用いられる主なものは①広告コピーのテストとそのアイディアの獲得，②販売員の接客態度の研究，③ブランド選好についての研究，④製品や包装紙などのデザインの研究などである。

　動機調査としての方法には，①深層面接法，②集団面接法，③投影技法：語

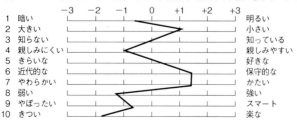

SD法による企業イメージ調査とスネーク・チャート

出所：本多正久・牛澤賢二『マーケティング調査入門』培風館　2010年　p.139

句連想法，文章完成法，絵画法，略画法，ロールシャッハ・インクプロット法，セマンティック・ディファレンシャル法（SD法）が挙げられる[13]。

4．観察法

　観察法は質問によらず，購買などの実際の状況について観察して，調査目的に関わる事実や行動が記録する方法とアイカメラなど測定機器を使って広告コピー面における眼の動きを撮影して注目される部分を知る方法である。例えば，小売店の来店者に対する銘柄の購買行動を観察したり，店における交通量と売上との関係を検討するのに用いられる。調査事項に関して調査員と調査対象者が直接接触するという対人関係になく，調査対象の動作をそのまま記録するので，結果が割合正確である。調査には，多大の費用と時間を必要とする。調査員はエキスパートであり購買行動は測定できるが，購入動機のような心理的な問題は，推定する以外に方法がない[14]。

5．マーケティング実験法

　実査のようにあるがままの市場環境をとらえるのではなく，調査側が能動的に特定のマーケティング活動に処理を加え，その効果を調べようとする方法である。例えば，中味が全く同質の洗顔クリームをA，B異種の容器によって，同地域，同期間，同価格で販売し，消費者の選好状況を実験によって知ろうとする。しかし，実験で得られた結果が，必ずしも全体にわたって妥当しないことも留意する必要がある[15]。

　テストおよび実験法として官能検査がある。官能検査とは，機会測定によらないで人間の感覚によって，塗装の仕上り具合，扇風機の騒音の不快さ，自動車の乗り心地，テレビの映像の鮮明さ，刃物の切れ味，布地の手ざわり，食品の風味などを評価することである。

　食品メーカーでは，新製品の研究開発の段階で味覚をテストするためこの検査を実施する。そのため感覚の優れた人たちをパネルとして選抜，固定化しているので製品テストパネルとよばれることもある[16]。

主要な調査方法の特徴比較

	面接法	電話法	郵送法
母集団の全成員が標本に含まれる可能性はあるか	確率標本抽出法によることが多いから、電話調査法や郵送調査法よりすぐれている。	既存の名簿から抽出することが多いから問題点がある。不要な属性をもつ成員が含まれる。掲載省略の人がいる。名簿が古い。重複掲載がある。名簿入手が困難。	左に同じ。
標本抽出単位内で調査対象者の選定ができるか	標本抽出手続が明示されていないと、訪問時に在宅している可能性のある人（家事担当者、引退者など）だけから情報を得るにとどまる。	左に同じ。	面接調査、電話調査よりも困難（特に事業所などが調査単位のとき）。記入能力が前提となるので、教育水準の低い人、老人の代表性に欠ける。
調査対象者を代替されやすいか	代替が発生しやすい。しかし、近隣の居住者との代替が多いから特性が類似し、電話調査や郵送調査よりも影響が少ない。	抽出単位の代替が発生しやすい。多人数家族、女性、年寄りが多くなる可能性が増す。	抽出単位の代替が発生しやすいが、電話調査よりも可能性が低い。
回収率	高い。	中程度。	一般に低い。
拒否によるゆがみ	拒否者の属性を判断したり、拒否理由の把握が電話調査よりもすぐれている。	左と同じだが、面接調査に劣る。	拒否者の属性や拒否理由が明白にならない。記入前に質問内容を通読できるから、主題への関心が記入と返送の決定因となる。
どの程度調査の長さは許容されるか	調査対象者との接触などに要する固定費が高いので、調査対象者の耐えられる範囲内で質問量が多くなりがち。	ひとたび電話に出たら、面接時間の長さはあまり問題にならないが、調査対象者が疲労しやすく、郵送調査よりも情報の質が低下。	郵便料金の区分が変わって金額が上がるまでは、質問が増加してもコスト逓減するから、あるページ以上になると割安。
複雑な質問ができるか	調査対象者の応答態度を観察し、面接が円滑に進行するようフィードバックしながらできるから、もっとも融通性に富む。カードなど視覚的素材が使用可能。	質問文や応答文が理解できたか否かの反応の確かめようがない。質問文と応答文をともに読み上げるから、全体を簡潔にして理解しやすくすることが肝要。	質問文や応答文が理解できたか否かを明らかにする機会がない。複雑な質問に記入されるか否かは、調査対象者の動機づけに依存。
自由応答（記述）法を用いることができるか	それほど困難ではない。しかし、良い回答を得るには、探索 probe が必要。	左に同じ。	調査員が介在しないから探索ができない。言うより書く方が困難だから、不正確な応答や無答が多い。
質問順序の影響があるか	あまり問題とならない。	左に同じ。	先行の質問への応答に、後続の質問への応答を同調させたり、逆の場合がある。
質問項目への無応答を避けられるか	調査員が介在するから統制可能であり、調査対象者による質問の跳び越しを防止できる。	左に同じ。	調査員が介在しないから、無応答の危険性がある。

調査票作成手続きへの不注意による有害度	調査員が調査票の欠陥を補足できるから，危険度は最少であるか，逆にバイアスが起こる可能性がある。	たとえ一つの用語や文句を聴き落しても，全体の理解が困難。	きわめて有害。
調査員のバイアス	調査員が，実際に面熱や質問をしなかったりすることから生じる。	集中管理方式を採用する場合には，この種のバイアスを避けられる。	この種のバイアスはない。
他人が存在することによる応答バイアス	この種のバイアスは比較的に少ないが，面接中に他人がいると助言を得たり，単に他人がいるだけでも異なる回答を得ることがある。	質問を聴くことができるのは，一般に調査対象者1人だけであるから，この種のバイアスを統制することができる。	調査票に他人に記入するよう頼んだり，助言を求めたりして，回答が，第三者の見解を示すことがあり，この種のバイアスは面接調査や電話調査の場合よりも大きい。
必要なときに相談できるか	訪問時に，必要な知識をもっている人が不在の可能性がある。	同様の問題を有するが，その実施上の制約条件の多さからして，より問題。	必要知識を有する人によって記入が可能だし，相談もできる。
資格を具備した熟練者の必要度	調査技能が必要であり，訓練を要する。	管理が容易だから，技能の要件が少ない。訓練もそれほど要しない。On the Job Training ができる調査監督者の助力も得られる。少数の調査員で大規模な調査ができる。調査員の募集が容易。	調査員が不要である。
実施所要時間	標本数と調査地域の分散程度により一概にいえない。	迅速。	時間がかかる。
調査対象者一人当たりのコスト	標本のタイプ，大きさ，地域的分散などで異なる。一般に高い。	左に同じ。中程度。	地域的分散はそれほど問題とならない。一般に安い。

出所：中小企業のための市場調査のすすめ方(3) p.65 より引用
元電通大阪支社マーケティングディレクター林英夫氏

注

1) 大谷信介・木下栄治・後藤範章・小松洋・永野武編『社会調査へのアプローチ』ミネルヴァ書房　2001年　p.146。
2) 宮澤永光・城田吉孝・江尻行男編『現代マーケティング　その基礎と展開』ナカニシヤ　2009年　p.87。
3) 大谷信介・木下栄治他編『前掲書』p.147-148。
4) 田内幸一・村田昭治編『現代マーケティングの基礎理論』同文舘　1986年　p.123。
5) 岩井紀子・保田時男『調査データの分析』有斐閣　2007年　p.17。
　　西村林・三浦収編『現代マーケティング入門』中央経済社　1980年　p.93。
6) 岩井紀子・保田時男『前掲書』有斐閣　p.17。
　　朝野熙彦・上田隆穂『マーケティング&リサーチ通論』講談社　2000年　p.134。
7) 朝野熙彦・上田隆穂『前掲書』講談社　p.134。
　　岩井紀子・保田時男『前掲書』有斐閣　p.17。
8) 近藤光男・島崎哲彦・大竹延幸編『課題解決型マーケティングリサーチ』生産性出版　2008年　p.49.
9) 辻新六・有馬昌宏『前掲書』pp.56-57。
　　岩淵千明編『あなたもできるデータの処理と解析』福村出版　2000年　p.79。
　　岩井紀子・保田時男『前掲書』有斐閣　p.17。
10) 酒井隆『図解アンケート調査と統計解析がわかる本』日本能率協会マネジメントセンター　2006年　p.26。
　　酒井隆・酒井恵都子『図解インターネットリサーチがわかる本』日本能率協会マネジメントセンター　2006年　pp.12-21。
　　指方一郎『前掲書』同文舘　p.156-157。
11) 酒井隆・酒井恵都子『前掲書』pp.36-37。
　　安藤明之『社会調査・アンケート調査とデータ解析』2009年　日本評論社　p.63。
12) 出牛正芳『前掲書』pp.74-75。
　　柏木重秋編『市場調査の理論と実践』白桃書房　1987年　p.17。
　　田内幸一・村田昭治編『前掲書』p.123。
13) 田内幸一・村田昭治編『前掲書』p.123。
　　田中由多加『マーケティング総論』同文舘　1971年　pp.119-122。
　　セマンティック・ディファレンシャル法：（SD法）ある概念に対する評価の程度を測定することを目的とする。SD法とは、意味が反対の形容詞の組を両端においたイメージを何組も用意し、それぞれの尺度で各対象者がある銘柄・企業に抱くイメージを測定する。各尺度ごとに対象者が与えた尺度値平均を計算して、それによってイメージ・プロフィールを描くことができる（後藤秀夫『前掲書』304頁）。日本経済新聞の「日経企業イメージ調査」は企業認知度、好感度、広告接触、一流接触、

一流評価，株購入意向，就職意向，そして21のイメージ項目（林他編131頁）。
14）高田博和・上田隆穂・奥瀬喜之・内田学『ＭＢＡマーケティング入門』東洋経済新報社　2003年　p.68。
　　後藤秀夫『前掲書』p.98。
　　出牛正芳『前掲書』pp.54-55。
15）田中由多加『前掲書』p.119。
　　田内幸一・村田昭治編『前掲書』p.125。
16）林英夫他編『体系マーケティングリサーチ事典』同友館　2000年　p.277。
　　後藤秀夫『前掲書』p.204。

第12章　調査票の設計

　調査票は，調査協力の挨拶状，質問文，回答カテゴリー，対象者特性で構成される[1]。挨拶状は調査主体への信頼獲得に重要である。質問文と回答カテゴリーは質問本体である。対象者特性は最後に質問することが望ましい項目である。住所・氏名・年齢・職業，年収等については個人情報保護の確約も必要である。調査票の基本構成，質問文の作成手順，対象者特性，質問文の作成上の注意点について整理し，質問の作り方について解説する。

第1節　調査票の基本構成と質問文の作成

1．調査票の基本構成

　調査票で重要なのは，質問文と選択肢である。表紙には調査の名称，調査の目的，調査対象，調査方法，調査項目，調査主体，調査の問合せ先，回収日時，回収方法，記入上の注意，対象者の整理番号，調査員の訪問記入欄を設けておく。本文終了後に，調査協力の謝辞を記載する。最後に自由回答欄を設ける場合もある[2]。

2．質問文の作成手順[3]

①質問文の案を作る：答えやすい質問から始め，質問間のつながりをスムースにし，答えにくい質問は後にする。
②質問のタイプを決める：質問で求めるのは自由意見か選択方式か。回答のタイプは単一回答・複数回答・順位回答など決める。
③回答カテゴリーの案を作る：各質問の回答選択肢の案を決める。
④回答尺度のタイプを決める：名義尺度（名前，性別等）や順序尺度（好きなものの順位等）で定性的データを測り，間隔尺度（温度，成績等）や比例尺度（重量，金額等）で定量的データを測る。
⑤質問文の案を作る
⑥質問票のレイアウトを検討する
⑦調査票点検のためプリテストを行う

⑧見直しと問題点の改善を行う
⑨調査票のレイアウトを決定する

3．対象者特性[4]
①人口統計的特性：性別，年齢，結婚の有無，学歴，職業，就業上の地位，世帯の種類，世帯人員，家計の収入，個人の年収，住居の種類など。調査結果の分析をイメージして特性項目を決める。職業分類では，事務職，専門職，管理職，商工業自営，販売・サービス従業者，生産従業者，農林漁業従事者，専業主婦，学生，その他の職業・無職等に分類できる。
②心理的特性：対象者の感性・知性についての特性。感じ方，考え方，ライフスタイル
③経験的特性：調査テーマと直接関わりのあるものごとについての経験を示す特性
④地理的特性：来場者調査などの居住地，最寄駅からの利用交通手段。
⑤特殊な特性：調査テーマに応じて分析に必要な特性。栄養ドリンクの調査なら，体力を特殊な特性とする。

4．質問文を作るときの注意点[5]
①回答者がイライラしたりすることがないように質問文は簡潔にする。
②難しい言葉や漢字，専門用語を用いず平易な言葉を使用する。
③たびたび，この付近など範囲が不明確な言葉は使用しない。
④質問者に都合のよい回答を導き出す誘導的な質問はしない。
⑤一つの質問で複数のことを聞かない。
⑥プライバシー保護から生年月日を聞かないことが求められる。
⑦質問の相手を明確にする。
⑧調査方法に応じた質問文にする。
⑨回答選択肢の番号に○をつけてもらうのか，それとも回答記入欄に回答選択肢の番号を記入してもらうのかなど回答の方法を明確に指示する。
⑩回答選択肢には番号をつける。
⑪客観的事実に関する答えやすい質問から，意見などに関する答えにくい質

問へと進める。質問文や回答を考えるときは，単独でなく数人で検討することが望ましい。

第2節　回答形式

1．質問の作り方[6]

質問に対する回答の取り方は，プリコード回答法と自由回答法に区別できる。**自由回答法**とは，質問文に対する回答を回答者に自由に答えてもらう方法である。**プリコード回答法**とは，質問文とともに示した回答選択肢の中から，該当する回答選択肢を選んでもらう方法である。回答選択肢の数により，単一回答形式（single answer：SA），複数回答形式，順位回答形式に分類できる。これら3つの回答形式は，

① 単一回答形式は，提示する回答選択肢の数が2つである二項選択回答形式と3つ以上である多項選択回答形式に分類できる。

② 複数回答形式は，回答数を制限する制限複数回答形式（limited answer：LA）と回答数を制限しない無制限複数回答形式（multiple answer：MA）に分類できる。

③ 順位回答形式は，指定された数の回答選択肢を選択して順位をつける一部順位回答形式とすべての回答選択肢に順位をつける完全順位回答形式に分けることができる。

また，マーケティングリサーチでよく用いられる質問形式には，クローズドエンド型質問とオープンエンド型質問のタイプに分けることもできる（表12-1と2を参照のこと）。

2．回答形式と質問例

1．プリコード回答法

（1）単一回答形式

① 二項選択回答形式（yes-no型）

貴社では，過去5年間にコンプライアンス違反の事例がありましたか。
　　① あった　② なかった

② 二項選択回答形式（一対比較）
　あなたが車を購入されると時，次の2つの項目のうち，どちらを重視されますか，より重視する項目の番号に○をつけてください。
　　　①価格　②デザイン
③ 多項選択回答形式（回答選択肢が主観的な順序尺度である場合）
　貴社では，コンプライアンス違反が起こった場合，マスコミへの公表についてどのような行動をとりますか。1つを選んで回答記入欄にその番号を記入してください。
　　　①発覚直後に公表する　②違反内容を精査した後，公表する　③できれば避けたいが，公表はやむをえない　④公表しない　　回答記入欄　□
④ 多項選択回答形式（回答選択肢が客観的な順序尺度である場合）
　④－1　あなたの会社の従業員の数についてお聞きします。次の区分で該当するものに○をつけてください。
　　　①100名未満　②100名以上～250名未満　③250名以上～500名未満
　　　④500名以上
　④－2　「経営責任者の日ごろの言動が，その企業のコンプライアンス実践に大きな影響を与える」というという考え方について，該当するものを1つ選んでその番号に○をつけてください。
　　　①大いに影響を与える　②影響を与える　③影響を与えない　④全く影響を与えない　⑤わからない

（2）複数回答形式
① 無制限複数回答形式
　コンプライアンスの担当部署は以下のどれですか，該当する番号にいくつでも○をつけてください。
　　　①コンプライアンス担当部署　②総務　③秘書　④お客様相談部署
　　　⑤法務　⑥広報　⑦外部顧問弁護士事務所
② 制限複数回答形式
　コンプライアンスの担当部署は以下のどれですか，該当する番号に2つ選び，その番号に○をつけてください。

①コンプライアンス担当部署　②総務　③秘書　④お客様相談部署
　　⑤法務　⑥広報　⑦外部顧問弁護士事務所

（3）順位回答形式
①完全順位回答形式
　あなたが良いと評価する企業行動の項目は，以下に示した6つの項目から，重要と思われる順にその順位を［　］内に記入してください。
　　①学術・文化・スポーツ等への資金援助　［　］　　②世界的なイベントへの協賛　［　］　　③難民救済への資金援助　［　］　　④地球環境保全のための資金援助　［　］　　⑤財団の設立　［　］　　⑥美術館や資料館などの設立・運営　［　］

②一部順位回答形式
　あなたが良いと評価する企業行動はどれですか。以下に示した6つの項目から，2つを選び，重要と思われる順に，その番号を記入してください。
　　①学術・文化・スポーツ等への資金援助　②世界的なイベントへの協賛　③難民救済への資金援助　④地球環境保全のための資金援助　⑤財団の設立　⑥美術館や資料館などの設立・運営
　　　　　　　　　　　　　　　回答記入欄　　1位□　2位□

3．自由回答法
（1）数値記入
　あなたは，日常のお買い物のために何点くらいのスーパーマーケットを利用していますか。＿＿＿＿店
（2）文字記入
①単語の記入：あなたのお住まいの市区町村をお書きください。
　　　　　　　　　　市・区・町・村
②文章の記入：日頃利用しているスーパーマーケットについて，ご意見があればご記入ください。

表 12-1　クローズド・エンド型の質問例

方法名	内容	例
二者択一法	回答は二者択一方式	"この旅行の準備において，あなたは個人的にアレゲニーに電話をしましたか？" はい□　いいえ□
複数選択法	3つ，あついはそれ以上の回答を求める質問	"この便であなたは誰と旅行するつもりですか？" 1人で　　　　□　子供たちだけと　　　　　　□ 配偶者と　　　□　会社の同僚／友人／親類と　□ 配偶者と　　　　　ツアー・グループで　　　　□ 子供たちと　　□
リッカートの尺度構成法	回答者の賛否を問う形式	"小規模の航空会社は一般的にいって大規模な航空会社よりサービスが優れていると思いますか" 強くそう　そう思わ　どちらとも　そう思う　非常に 思う　　　ない　　　いえない　　　　　　そう思う 1　□　　2　□　　3　□　　4　□　　5　□
セマンティック・ディファレンシャル法（SD法）	尺度は2極的な〔相互に反対的な〕単語の間に求められ，回答者は自己の感じの方向および強さを示す点を選択する	アレゲニー航空会社 大規模　×　　　　　　　　　　　　　小規模 習熟した　　　　　　　　×　　　　　未熟な 近代的　　　　　　×　　　　　　　　時代遅れ この大学への交通の便はどうですか 　　　非常に　やや　普通　やや　非常に よい├──────┼──────┼──────┼──────┤悪い
重要度尺度構成法	尺度はいくつかの属性を"全く重要でない"から"非常に重要である"までの重要性によって評価する	"私への航空会社の食事サービスは：" 非常に　重要　　いくぶん　あまり重要　全く重要 重要　　　　　　重要　　　ではない　　でない 1　□　　2　□　　3　□　　4　□　　5　□
評価尺度構成法	ある属性を"悪い"から"すばらしい"という形で評価する	"アレゲニー社の食事サービスは：" すばらしい　非常によい　よい　普通　悪い 　　1　　　　　　2　　　　3　　　4　　5

表 12-2 オープン・エンド型の質問例

方　法　名	内　　容	例
完全自由型	ほとんど無制限な方式で回答できる	"アレゲニー航空会社へのご意見をお聞かせ下さい"
言語連想法	ことばが呈示され，回答者は最初に連想したことばを述べるよう要求される。	"あなたが以下のことばを聞いたとき，あなたが最初に連想する言葉は何ですか？" 航空会社＿＿＿＿＿＿　旅行＿＿＿＿＿＿ アレゲニー＿＿＿＿＿＿＿＿＿＿＿＿＿
文章完成法	不完全な文章が呈示され，回答者は文章は完成させることを要求される	"私が航空会社を選ぶ時，私が最も重要視するのは＿＿＿＿＿＿＿＿＿＿＿＿＿＿＿＿＿＿である"
物語完成法	不完全な物語が呈示され，回答者はそれを完成することを要求される	"私は2，3年前にアレゲニーを利用した。その時，冷たいサンドウィッチを出された。このことは私に次のような考えと感じを抱かせた。"さて，この物語を完成させて下さい。
絵画完成法	2人の登場人物のうち，1人だけが発現している1枚の絵が呈示され，回答者はもう1人がどんなことを言っているかを答えるよう要求される	
テーマ認識テスト（TAT）	1枚の絵が呈示され，回答者はその絵から今どんなことが起き，将来どんなことが起こるであろうかについての物語をつくるよう要請される	下の絵を見て物語を作って下さい。 さて，食事にしよう。 上の空所を埋めて下さい。

出所：フィリップ・コトラー『マーケティング・エッセンシャルズ』
宮澤・十合・浦郷訳　東海大学出版会　1990年　pp.81-82

注
1）酒井隆『前掲書』p.53。
2）大谷・木下・後藤・小松・永野編『前掲書』p.70。
3）酒井隆『前掲書』p.52。
4）酒井隆『前掲書』p.68-69。
5）酒井隆『前掲書』p.64。
 辻新六・有馬昌宏『前掲書』p.77-84。
6）辻新六・有馬昌宏『前掲書』p.73－75。
 高田博和・上田隆穂・奥瀬喜之・内田学『前掲書』p.79。

参考文献
　城田吉孝　今泉充啓　大脇錠一　蕎麦谷茂「中小企業におけるコンプライアンスに関する調査研究」『経営研究第23巻第1号』愛知学泉大学経営研究所

第13章 標本調査

標本調査の準備段階で重要なことは，（1）仮説の構成とそれを検証するための調査票を作成すること，（2）標本（サンプル）を選び出す過程の標本を抽出するサンプリングである。調査票を用いた調査方法には全数調査（悉皆調査）と標本調査がある。**全数調査**とは調査の対象となるすべてについて調査することである。例えば，20名程度のテニスサークル（という母集団）に属しているメンバー全員に合宿などの行き先について調査することは容易にできる。しかし，「知りたい集団」の母集団が膨大な数の場合や，調査の対象者が全国的な規模になれば費用や時間がかかるので全数調査は困難である。全数調査には，国勢調査（5年ごとに実施）や商業統計調査（5年ごとに実施）などが行われている。

標本調査とは，調査対象者全員ではなく，調査対象者から一部の標本を無作為抽出法などのように規則的な方法で選び，その標本（サンプル）に対して調査を行い分析して，全体を推定するものである[1]。標本抽出の方法には（1）有意抽出法（2）無作為抽出法がある。

第1節 有意抽出法

有意抽出法は，調査者が今までの自分の経験・知識の主観に基づいて，作為的に母集団から抽出する方法である。この方法には機縁法，偶然的機会を利用する方法，応募法，アンケート法，典型法，割当法がある[2]。その特徴をまとめると表13-1のようになる。

表13-1 有意抽出法の種類と特徴

標本抽出法	特徴
①機縁法	友人，知人，会社の同僚など，調査に協力してくれそうな人々や組織を標本とする
②偶然的機会を利用する方法	街頭を歩いている人，ある商店街に買い物に来ているなどのように，偶然的な機会を利用して標本を選び出す

③応募法	本の愛読者カードや製品のモニター制度などのように，自発的に調査に応募してきた人々を標本とする
④アンケート法	調査テーマに関連する分野の専門家を標本とする。将来の技術予測の際によく利用されるデルファイ法は，アンケート法による標本調査の代表例である
⑤典型法	母集団を最もよく代表する「典型」と考えられる人々や組織を標本とする
⑥割当法	国勢調査などで既に判明している性や年齢といった項目に注目し，これらの項目の構成比率が母集団の構成比率に等しくなるように標本を抽出する

出所：辻新六，有馬昌宏『アンケート調査の方法』朝倉書店　1999年　116頁

第2節　無作為抽出法

　無作為抽出法は調査対象者の中からは誰でもが標本として抽出される可能性を等しくもつように工夫された方法である。単純無作為抽出法，系統抽出法，多段抽出法，層化抽出法についてその方法の内容をまとめると次のようになる[3]。

1．単純無作為抽出法（ランダムサンプリング）

　標本抽出台帳には一連の番号を記載しておき，乱数表から得られた数字やサイコロを振った数字と台帳に付けた数字とを，一つずつ対応させて抽出する。この方法は，全体を代表する標本をまんべんなく抽出するが，標本の数だけ乱数を引いたりサイコロを振らなければならないから大変である。標本抽出台帳とは，母集団の全構成員名簿のこと。例えば，20歳以上の成人について標本調査を行う場合には選挙人名簿がこれに該当する。ある特定の地域に住んでいる人の場合であれば，電話帳も抽出台帳になるが，電話帳の住所・氏名などから最近は詐欺などの犯罪に利用され問題化している。

2．系統抽出法

　名簿などの台帳には一連の番号を記載しておき，第1番目の標本のみを乱数表やサイコロによって決定し，第2番目以降の標本は，一定の間隔ごとに選ん

でいく方法である。選ぶ間隔は，母集団を標本数で割った値を用いる。選挙人名簿などには世帯ごとに記載されており特定の性質の標本だけが選ばれるので注意を要する。

3．多段抽出法

母集団が四国地方全域，九州地方全域，東海全域（愛知，三重，岐阜）のように地域が広いときには，系統抽出法で標本を選び出すのは大変である。そのためにまず区支郡を無作為に抽出し，その中からエリア（小地区）を無作為抽出，さらにそこから世帯や個人，店などを無作為抽出する。抽出の段数に応じて，2段抽出，3段抽出‥とよんでいる。

4．層化抽出法

母集団を構成する単位をその特性によっていくつかの層に分けて抽出する。層に分けることを層化といい，抽出された標本を層化標本という。抽出に当たっては，母集団における各層の大きさに比例して標本を選ぶことが必要である。比例割当とは，各層から，層の大きさに比例した数の標本をランダムに抽出する。同数割当とは，各層から，層の大きさには関係なく，同数の標本をランダムに抽出する。ネイマン割当とは，標本数が一定のとき，精度が最もよくなるように各層の標本数を決める。デミング割当とは，与えられた費用のもとで精度が最もよくなるように各層の標本数を決める。

層化の基準としては，調査地点のレベルでは「地域」「市町村」「産業別」，個人のレベルでは「居住地」「性別」「年齢」「職業」などがある。

第3節　標本数の決め方

アンケート調査では，標本数をどれくらいにするかが大きな問題となる。精度を高めようとすると標本数はできるだけ多いことが望まれるが，調査費用は標本数に比例して増加する。標本数の決め方については，大谷信介他編（『社会調査のアプローチ』ミネルヴァ書房 2001年 120－122頁）に分かりやすい例題によって説明されている。以下それを紹介する。標本調査の場合，どれだけ

の標本数を調査しなければならないかという問題がある。母比率を推定する場合には，標本数を決める計算は次の式で求めることができる。

標本数(n)の決定方法：母比率推定の場合

$$n = \frac{N}{\left(\frac{\varepsilon}{K(\alpha)}\right)^2 \frac{N-1}{P(1-P)} + 1}$$

α＝母集団特性の推定を誤る確率（危険率）＝通常5％＝その場合$K(\alpha)$＝1.96
ε＝標本比率につけるプラスマイナスの幅
n＝必要とされる標本数　　N＝母集団の大きさ　　P＝母比率

＊例題として，有権者が10万人の都市で，住民投票条例に賛成な市民の比率を信頼度95％で誤差の幅を±5％で推定した場合について
　①有権者が10万人の場合，何人の有権者に調査したらよいか，
　②また有権者が100万人の都市の場合は，何人の有権者に調査したらよいか，
　③また誤差の幅を±2.5％と精度を高めた場合の標本数は何人か
＊解答としては，この場合母比率（賛成市民の比率）が何％であるかわからないので，母比率を50％とおけば，P(1−P)の値が0.5×0.5＝0.25と最大になるので過小サンプルになることがなく安全である。
　①10万人都市・誤差の幅±5％の場合＝必要標本数　　383人
　②100万人都市・誤差の幅±5％の場合＝必要標本数　　384人
　③10万人都市・誤差の幅±2.5％の場合＝必要標本数　　1514人
＊以上のことから，有権者10万人の都市と有権者100万人では，ほとんど差はない。それに対して精度を高めた場合は，標本数の2倍でもだめで，標本数は約4倍必要となっている。市場調査の実施する場合の標本数を決めると時には，この公式によってサンプル数を決めれば適正な母集団の代表の数と考えることができる。

注

1）森岡清志編『ガイドブック社会調査』日本評論社　2005年　p.127-128。
2）辻新六，有馬昌宏『アンケート調査の方法』朝倉書店　1999年　p.116。
3）辻新六，有馬昌宏『アンケート調査の方法』朝倉書店　1999年　p.116。
　　森岡清志編『前掲書』p.130-134。
　　安藤明之『初めてでもできる社会調査・アンケート調査とデータ解析』日本評論社　2009年　p.98-101。
　　後藤秀夫『前掲書』p.58-60。
　　桐田尚作『前掲書』p.132。

第14章　データ分析と調査結果の報告

第1節　データ分析

　調査票が回収されたら，回収票の点検，データ入力，単純集計，クロス集計の流れにそって調査目的をイメージして統計解析の段取りを立てる。

　クロス集計にあたっては，表側カテゴリーの標本数は，25人以上，できれば50人以上必要である[1]。

　また，分析にあたり，クロス集計してその結果を読み取る場合に陥りやすい場合があるので，大脇錠一の例を参考に解説する[2]。

　陥りやすい事例として表14-1は「購入意図と広告接触」，表14-2は「購入意図と企業イメージ」，表14-3は「購入意図・企業イメージ・広告接触」を示したものである。

表14-1　購入意図と広告接触

	広告を見た	広告を見ない	計
購入したい	63.3（95）	35.7（75）	47.2（170）
購入したくない	36.7（55）	64.3（135）	52.8（190）
計	100（150）	100（219）	100（360）

・表14-1から商品を購入したいのは，広告を見た人が多いと言えるから「広告効果」が読み取れる。

表14-2　購入意図と企業イメージ

	その会社が好き	その会社が嫌い	計
購入したい	83.1（133）	18.5（37）	47.2（170）
購入したくない	16.9（27）	81.5（163）	52.8（190）
計	100（160）	100（200）	100（360）

・表14-2は，商品を購入したいのは，その会社が好きだから購入したのであ

る。即ち、「会社への好意度が高い人ほど購入してくれる」と読み取れる。しかし、表14-3のように三重のクロス集計をしてみると、「購入意図」は「広告接触」と関連性があるのではなく、「企業イメージ」と関連性があることが分かる。これは第3の変数（「企業イメージ」変数）を挿入することによって起こった。従って、このような第3の変数をどのようにして発見するかがクロス集計のポイントとなり分析する際に注意しなければならない。

表14-3　購入意図・企業イメージ・広告接触

	その企業が好き		その企業が嫌い		計
	広告を見た	広告を見ない	広告を見た	広告を見ない	
購入したい	85.0 (85)	80.0 (48)	20.0 (10)	18.0 (27)	47.2 (170)
購入したくない	15.0 (15)	20.0 (12)	80.0 (40)	82.0 (123)	52.8 (190)
	100 (100)	100 (60)	100 (50)	100 (150)	100 (360)

第2節　調査結果の報告

　調査報告書を作成する際に留意すべき事項は、①第三者にもわかりやすく理解できる言葉や表現を用いること、②論理的に示すことである。**調査報告書の内容**は次のようなことを述べる[3]。
（1）調査の目的：何のための調査か、調査で明らかにしたいことなど問題意識にあたる部分と検証すべき仮説を述べる。
（2）調査概要：どのような調査を実施したかについて述べる。具体的には調査の名称、調査主体名、母集団ないし対象集団、サンプリングの方法、調査票の配布回収方法、調査時期、回収率、無効票の内訳などを記載する。
（3）調査結果：ここでは仮説の検証を行う。
（4）結論と今後の課題
　　　データを統計処理した結果だけでなく、調査目的・課題を意識しながら

結論を導く。そして，この調査では明らかにできなかったことや分析の結果新たに提示された仮説などを今後の課題として指摘する。
（5）付属資料：調査票，単純集計結果，調査依頼状，調査スケジュール，調査チームの構成など

注
1）酒井隆『前掲書』p.100-108. データの集計手順，ポンイントが詳しく論述されている。
2）大脇錠一「市場調査」―実施上の留意点― 2002年3月26日，愛知県商業教育研究会講演資料　p.5-6。
3）大谷信介・木下栄治・後藤範章・小松洋・永野武編『前掲書』p.186-187。
酒井隆『前掲書』p.112-113。

参考文献
1）桐田尚作『市場調査』1972年　同文館
2）和田充夫・恩蔵直人・三浦俊彦『マーケティング戦略』2001年　有斐閣
3）内田治『すぐわかるSPSSによるアンケートの調査・集計・解析』東京図書株式会社　2007年
4）愛知学泉大学経営研究所『経営研究第23巻第1号通巻54号』2009年12月22日

第15章　マーケティングリサーチの課題

第1節　データ収集の課題

　大学の研究者がマーケティングリサーチ（調査）を企画し実施する場合，予算や時間的な制約などから学生を対象に協力求めることが多い。ところが最近アンケート調査全般に学生から協力を得られにくくなってきた。この傾向は東京の有名大学でも，「教室で講義のあとでアンケート調査をするなら，すぐに大学の教務課に学生が訴える」と聞いた。また，一般消費者市民を対象としてアンケート調査を企画すると，標本抽出のために使用できる名簿の入手や閲覧が個人情報保護法にともなって制約を受ける。本稿では，こうしたマーケティングリサーチを取り巻く環境の現状について述べる。

　一般的にマーケティングリサーチとは，企業などの組織が直面している特別なマーケティング状況に関係するデータを科学的に収集・記録・分析し，それをマーケティング戦略の資料として，企業経営者は経営リスクを回避するための有用な意思決定の判断基準として取り扱われる。データの収集の方法には郵送法，電話法，面接法，インターネット調査法等がある。経営者の意思決定の判断資料であるからこの情報は正確でなければならない。しかし，標本抽出のための名簿リストから正しい標本を選ぶために立ちはだかるのが個人情報保護法[1]による閲覧の制限である。この制限は各自治体により異なるが，例えば桑名市で閲覧できるのは次のような場合である（桑名市市民課資料）。①学術研究のうち，公益性と認められ，②法人登記などの申出者の概要が分かる資料の提出が求められる。③閲覧は指定用紙へ貸与された鉛筆を使用して転記。さらに，住民基本台帳閲覧用紙に記載されている内容の確認があり，閲覧時間は半日単位を3時間として1日2単位2日間，費用は指定用紙1枚で200円となっている。請求閲覧者人数は2人までとなっている。選挙人名簿の閲覧は公職選挙法により閲覧できる（桑名市総務課資料）。学術研究で公益性の高いと認められる者のうち政治・選挙に関するものを実施する場合に閲覧できる。アンケート調査を実施する場合，費用や時間そして成果を求めて学生を対象にしてきた。しかし高度情報社会の進展，プライバシー保護の高まりとともに住民基本台帳

など閲覧制限等で身近な学生にも慎重な対応が必要となった。この環境変化についてマーケティングリサーチの研究者である大脇錠一氏も驚きを隠せず，「‥身近な学生やその家族を対象にしたことはたとえ調査票への記入が無記名であったとしても，一種のパワーハラスメントであったのではないか」と述べられている[2]。アンケート調査のための名簿閲覧が今後ますます困難を極めてくると，インターネット調査に頼らざるをえなくなるが，同調査法には代表性の問題などいくつかの制約や品質上の問題点があり，それを克服する工夫が必要である。

中部経済新聞2013年（平成25年3月1日）に「マーケティングリサーチ：データ収集の課題サブタイトルとして，個人情報保護で閲覧制限」の見出しで掲載されたものである。

第2節 マーケティングリサーチの活用と事例

牛窪一省(カズマサ)はマーケティングリサーチについて，次のようなことを述べている。マーケティングリサーチの目的は，統計数字を作ることでない。数字が語る意味を探りながら，人々の心や世の中の動きを知ることが目的である。企業や組織は自分を支えている顧客や社会環境の変化を敏感にキャッチして，常に最適な行動を取ることで，顧客や社会に支持される。マーケティングリサーチは技術や技法でなく，問題解決の方法を作り出す知恵である。**リサーチャーの心構え**として，①推理・推論：考える力，②行動力：現場感覚を大切にすること，好奇心を持つこと，③表現力を身につけ，よいパソナリティが要求されると説いている[3]。リサーチは，「何が問題なのかを考えること」このことは，尊敬する大脇錠一も常に調査をする場合，何を聞きたいのかを明確にせよ常々言われている。

マーケティングリサーチは企業や公共組織が顧客の満足を創りながら成長，繁栄していくために，市場動向や消費者ニーズを感じ取り，その結果を組織経営の活かす資料となるものである。

最後に，筆者が勤務した愛知学泉大学経営学部では経済産業省「体系的な社会人基礎力育成・評価システム開発・実証事業」に携わる機会を得た[4]。その資料を一部資料として掲載した。

注
1 ）**個人情報保護法**は平成15年5月23日成立，平成17年4月1日施行。
　第1条の目的：この法律は，高度情報通信社会の進展に伴い個人情報の利用が著しく拡大していることにかんがみ，個人情報の適正な取扱いに関し，基本理念及び政府による基本方針の作成その他の個人情報の保護に関する施策の基本となる事項を定め，国及び地方公共団体の責務等を明らかにするとともに，個人情報を取り扱う事業者の遵守すべき義務等を定めることにより，個人情報の有用性に配慮しつつ，個人の権利利益を保護することを目的とする。
2 ）大脇錠一他「マーケティングリサーチの品質に関する実証的研究」愛知学院大学流通科学研究所所報『流通研究』第18号平成24年3月
3 ）牛窪一省『マーケティングリサーチ入門』日本経済新聞社　1992年
4 ）平成21年度『体系的な社会人基礎力・評価システム開発・実証事業』報告書
　平成22年3月　経済産業省　委託先：学校法人安城学園　愛知学泉大学

補論1　コーズリレイテッドマーケティング

第1節　コーズリレーテッドマーケティングの概念

　コーズリレーテッドマーケティング（cause-related marketing：以下ＣＲＭと呼ぶ）とは、字義的にはみれば cause-related とは（名）原因，理由，主張，主義に関係するマーケティングと解することができる。一般的には，原因関連型マーケティング，慈善事業協賛型マーケティングとして用いられている。

　水尾によれば，このＣＲＭは，企業ニーズと社会の福利厚生増大の活動ニーズが合致して完成されたマーケティング手法で，1983年にカード会社のアメリカンエクスプレス（アメックス）が最初にこの概念を提唱し，現在，著作登録がされている用語であるとしている（上田・青木 p231）。

　パラダタジャンとメノン（P. RVardarajan & A. Menon）は，ＣＲＭの概念を次のように説明している（宮澤他『現代マーケティング』ナカニシヤ出版 2009年 p.129）。

　「ＣＲＭはよいことをすることによって会社がよくなる方法であって，販売促進，企業フィランソロピー，慈善活動，ＰＲなどとは区別されるもののこのような活動の複合化されたマーケティング活動である」とし，「ＣＲＭは顧客が組織および個人の目標を満足させる収益をもたらす取引にかかわる時，指定されたコーズに一定の寄付をすることを企業が提案することにより特徴づけられたマーケティング活動の形成・実行のプロセスである」と定義している。

　つまり，「顧客が商品・サービスの消費購買行動を起こした時，発生する支払金額の一定割合を定められた目的のため寄付行為を通じて社会に貢献する活動」と言える（上田・青木『マーケティングを学ぶ』中央経済社 2008年 p230）。

　また，コトラー（監修恩蔵直人『コトラーのマーケティング・マネジメント』株式会社ピアソン・エデュケーション 2011年 p36-37）は，次の2社を事例としてコーズリレーテッドマーケティングを説明している。
（1）「ベン＆ジェリーズ」：バーモント州バーリトン「スクープ・ショップ」
　　特徴①チェリー・ガルシアやチョコレート・チップ・クッキー・ドーなど

目新しい味を作りだしたこと。
②税引き前利益の7.5％を社会や環境に貢献する団体に寄付していること。

（2）ザ・ボディショップ：1976年，アニタ・ロディックは，イギリスのブライトンにザ・ボディショップを開店させた。

特徴：「援助ではなく取引を」という社会的使命を掲げて開発途上国を援助し，熱帯雨林保護に貢献し，婦人問題やエイズ問題にも取り組み，リサイクルの好例を示している。

この2社が実践しているのが，「コーズリレーテッドマーケティング」と呼ばれるソサイエタルマーケティングコンセプトである。プロイングルとトンプソンはこれを，「市場に対してイメージ，製品，サービスを有する企業が，相互利益のために『信条』によってリレーションシップやパートナーシップを構築する活動」と定義している。

彼らの考えでは，これによって企業の評判がよくなり，ブランドの認知度と顧客ロイヤルティは上がり，売上は伸び，マスコミに取り上げられる機会が増えるといったチャンスが生まれる。顧客は次第に良き市民として企業活動を求めるようになる，と確信している。賢い企業は合理的かつ感情的ベネフィットだけでなく，「より高次元の」イメージ属性を加えることで顧客に応える。ただし，コーズリレーテッドマーケティングは，消費者に自分で選んだ社会信条にかかわる機関に直接寄付するかわりに，製品を買うことで助け愛の義務を果たしていたという錯覚を与えかねないと警告する批評家もいる。

第2節　コーズリレーテッドマーケティングの構図

CRMに関係する主なステークホルダーには4つの主体がある。
①CRMを実施する組織（企業）。
②社会的問題解決に取り組むNGO，NPOなどの非営利組織。
③CRMのコーズに納得して対象商品・サービスを購入する消費者。
④寄付などの活動資金をもとに社会貢献の実践者：NPO，NGOから恩恵を受ける受益者。

これらの関係を図で示せば，図 補1-1 のようになる。

図 補1-1　CRMの構図

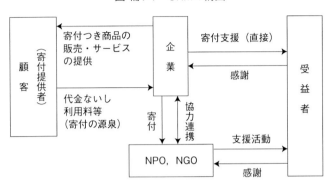

出所：宮澤城田江尻編『現代マーケティングその基礎と展開』
ナカニシヤ出版 2009年 P.234

第3節　コーズリレーテッドマーケティング経営的・社会的意義

　CRMは江尻が指摘しているように，「二律背反構造」と「相互依存構造」をもっている。

1．二律背反構造

　マーケティングとしてはフィランソロピーを販売促進の手段として売上や利益の拡大を図る面をもち，企業としては利益の追求を図る。一方ではCRMは公益的な寄付金収集システムである。CRMは営利活動として私的利益を追求し，一方でその手段としてフィランソロピーを活用することにより公益的な利益を得ている。それ故，CRMは「二律背反マーケティング」と言える。

2．相互依存構造

　CRMはフィランソロピーを活用したマーケティングであるから，売上・利益の拡大を目指すマーケティング活動と社会問題解決を支援するフィランソロピーとは相互依存関係がある。企業の売上が増えればコーズやフィランソロピーの魅力や顧客への訴求力に比例する。フィランソロピーへの寄付は，マーケティ

ング活動の結果として売上や利益に左右される。

　以上のようにCRMは二律背反構造と相互依存構造から，CRMは経営的な側面と社会的な側面をもっており，水尾はその意義と問題点を賛成と反対の立場から次のように整理している（上田・青木『前掲書』pp.23-234）。

3．コーズリレーテッドマーケティングに対する賛成の考え方

　企業の寄付行為を通じて，マーケティング戦略の目的を明確にすることで，社会に対して貢献している企業として存在価値が高まる。
（1）市民社会に対しては，社会貢献活動に対する意識を向上させ，倫理的意識の高い市民を支援・育成することでよい社会づくりにつながる。
　CRMを実施する企業は市民の評判や消費者にとって良い企業イメージを形成する。消費者は商品の購入により社会貢献活動への協力と自己実現の欲求につながる。

（2）企業対しては，企業理念と活動方針を開示することで社会に対する姿勢が企業ブランドへの信頼に結びつく。また，企業に対する倫理的価値観の向上につながる。製品的には再購入の促進と関連販売で複数商品の購入，ブランドに対する認知と知覚，連想を高め，ブランドイメージの増幅強化につながる。また，企業に対するネガティブイメージがあればそれを除去し，消費者からの支援活動が得られる。

4．コーズリレーテッドマーケティングに対する反対の考え方

（1）社会貢献活動の視点から，企業は慈善活動を隠れ蓑にして自社の売上の追求のための偽善のマーケティングを実施しているという反論である。
（2）消費者は製品が有する機能や役割を購入するのであり，製品やサービスに要求する価値は，その製品を使用することで得られる満足価値であるとする主張する。つまり，製品に社会貢献活動を求める消費者が全てでなく，ごく一部の消費者であり，企業の社会貢献活動は製品に付加すべきではなく切り離して企業が実施すべきで，その寄付金額分は売価から差し引いて販売すべきである。

（3）ＣＲＭの宣伝活動や販売促進活動に要する費用は，賛同しない消費者にとっては余分な経費であり，その分がコストアップになるとする。
（4）寄付行為やその宣伝経費は税金逃れであり，企業が政府に対してＣＲＭ計画の支配下に置こうとする行動への道筋を作ることになる。

水尾は「双方の主張は，企業にとっても，支持する消費者にとってもメリットは大きく，社会に企業の姿勢を貫き，社会そのものの意識変革も促進する機能を持つことから社会貢献のマーケティング活動として意義深いものである」と論述している。

第4節　コーズリレイテッドマーケティングのタイプと事例

ＣＲＭの形態には（1）商品型ＣＲＭ，（2）サービス型ＣＲＭ，（3）キャンペーン型ＣＲＭがある（宮澤他『前掲書』pp.236-237）。
（1）商品型ＣＲＭとは，企業の製造する商品すべてでなく，ＣＲＭ用の特定商品である。この種の商品は生活必需品，日用品など200円台の小学単位ものが多い。
（2）サービス型ＣＲＭとは，金融やカードといったサービス事業に多い。利用者に負担感を与えないで寄付を収集しようとするもので社会的信用力のある企業が小額単位の寄付を多数の利用者から寄付してもらうよう企画されている。
（3）キャンペーン型ＣＲＭとは，社会問題に取り組むＮＰＯやＮＧＯと共同したり連携して特定の期間だけをキャンペーンとして行われるタイプである。

事例
（1）アメックスはニューヨークの自由の女神を修復する運動にこのＣＲＭを提唱した。ガースナー会長は1983年の10月から12月の3ヶ月間でカード使用1回ごとに1セント，新カード発行1枚ごとに1ドルを寄付する慈善運動協賛型の販売促進活動を展開することで自由の女神の修復活動に貢献する約束をした。アメックスは1982年の前年同期間のカード使用率28％増，新カード発行枚数45％の増（上田他　P231）。

（2）エイボン女性文化センター「ピンクリボン運動」・・乳がん早期発見。

（3）森永製菓「1チョコ for 1スマイル」商品1箱1円がカカオの国のこども支援。

（4）スーパーイオン「幸せの黄色いレシート」購入金額の1％をボランティ団体に還元する。

（5）アサヒビール1本毎に1円が環境・文化財保護活動に寄付する。

補論 2　事例フォードとGM[1]

フォード社はなぜ，GM社に負けたのかの理由について考える。

谷口明丈「第4章環境・戦略・組織：フォードとGM」東北大学経営学グループ『ケースに学ぶ経営学』有斐閣 2008年 pp.64-75）に詳しく分析されている。本節では谷口の論文に依拠している。

1．フォード社

（1）フォード社の概要（2006年）

フォード・モーター社（以下，フォード社）
- 創立：1903年，事業分野：自動車製造と販売など
- 売上：1601億2300万ドル
- 従業員数：28万3000人
- 組織：機能別組織・・・単品種大量生産政策

　　フォードは1863年，ミシガン州の農家に生まれ，高校を卒業するとデトロイトで機械工見習，その後，エジソン照明会社の技師を務めながら独力でエンジンの開発に取り組み，1896年ごろガソリン・エンジンの開発に成功。1903年にフォード社を設立。1908年にT型車開発・販売を開始し，18年もの間T型車1車種だけを安く大量生産，大量販売を続けた。単品種大量生産戦略を採用した。価格は1908年850ドル，1924年では290ドルにまで低下した。自動車の市場は大衆の乗り物として普及していくことになった。大量生産システムでは，コンベアシステム（流れ作業）を作り上げた。流通チャネルではディラーシステムを確立した。1925年にはT型車の累積販売台数は1200万台，アメリカの全世帯2340万の約80％1900万世帯が既に自動車市場は新規購入ではなく買換えが中心となっていた。すなわち市場は成熟化していた。

　　フォード社はT型車にこだわったが，人気は衰え1927年にA型車に生産を転じたが，GMには追いつくことはできなかった。

図表 補2-1 フォード社の発展

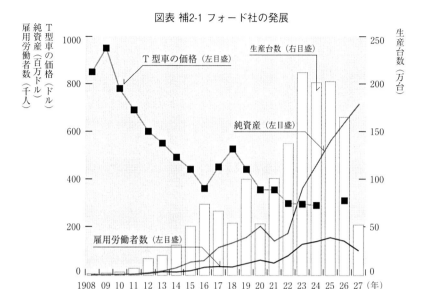

(出所) 塩見治人『現代大量生産体制論』森山書店，1978年，184ページ，より作成。
引用：東北大学経営学グループ『ケースに学ぶ経営学』有斐閣 2008年 P.67

図表 補2-2 アメリカの自動車所有世帯

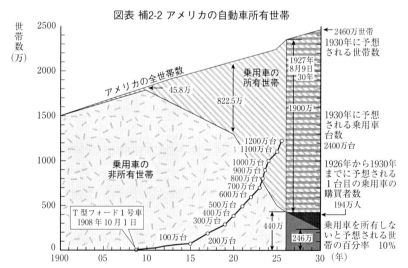

(出所) A.D.チャンドラー，Jr.（内田忠夫・風間禎三郎訳）『競争の戦略』ダイヤモンド社，1970年，173ページ，より。
引用：東北大学経営学グループ『前掲書』P.69。

2．ゼネラル・モータース社

1．ゼネラル・モータース社の概要（2006年）
- 創立：1908年
- 事業分野：自動車の製造・販売など
- 売上：2073億4900万ドル
- 従業員数：32万6999人
- 組織：製品別組織（事業別組織）・・・フルライン政策
- 創設者W.C.デュランドは馬車製造業者でしたが、ビュイック・モーター社を買収して自動車産業に乗り出し、1908年持株会社ゼネラル・モーターズ社（GM）を設立し、ビュイック、キャデラック、オールズモビルを傘下に収める。そして乗用車製造会社10社、トラック製造会社3社、部品・付属品製造会社10社を支配し、事業拡大の道を進んだ。しかし、拡大路線は生き詰まりデュランドは1915年には経営に失敗し、1920年に化学会社デュポンの手に落ちることになり、デュポン社から経営を任されてたのがアルフレッド・P・スローンであった。

　スローンは車種を大衆車のシボレーから高級車のキャデラックまで6車種に区分し、色もさまざまなバリエーションを加え顧客のニーズに応え「フルライン」戦略を展開した。定期的にモデル・チェンジを行う計画的陳腐化政策を採用した。さらに割賦販売を促進させた。

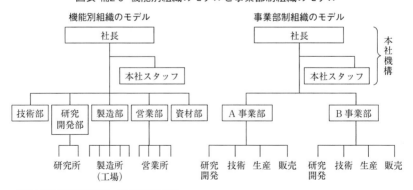

図表 補2-3　機能別組織のモデルと事業部制組織のモデル

引用：東北大学経営学グループ『前掲書』P.75。

3．フォードとGMの事例からマーケティング戦略の重要性を学ぶ

　GM社は，積極的なマーケティング活動が功を奏し，市場シェアの半分以上を占めていたフォード社を抜き去り，業界トップの地位を獲得した。以下そのポイント記す。

（1）マーケティング・コンセプトの徹底

　「マーケティング近視眼」に陥らないように，顧客ニーズを把握して顧客価値の創造に向けた経営を行うことが大切である。そのためには，市場を細分化し，ターゲットとする顧客市場に向けてマーケティングを企画・実践すること重要である。

（2）製品ライフサイクル

　1925年頃，アメリカ全世帯（約2300万世帯）の約80％が自動車を所有していた。自動車市場は2台目，3台目の購入者は買換えの購入者が大半であった。市場は成長期を過ぎ成熟期を迎え，顧客ニーズの変化に対応した。

（3）環境―マーケティング戦略―組織体制の一貫性

　1）成長期から成熟期に対応した市場細分化政策と製品ラインの設定

　2）車種別によるチャンネル政策

　3）市場細分化に対応した価格政策

　4）計画的モデルチェンジ：計画的陳腐化

　5）割賦販売方式の導入

　6）フルライン政策

　7）車種別事業部制という分権化された組織体制：GM

引用文献

1）本節は，太田一樹『現代のマーケティング・マネジメント』晃洋書房　2004年　pp.9-13。
　東北大学経営学グループ『ケースに学ぶ経営学』有斐閣　2008年　pp.64-75 に依拠している。

事例1．「買い物行動に関する調査」のお願い（事例：挨拶文）

平成２１年１２月

家事担当者様

「買い物行動に関する調査」へのご協力のお願い

拝啓　貴家ますますご健勝のこととご推察申し上げます。
　このたび私たちは、経済産業省の「産学連携による実践型学習における取組」事例研究として、小売企業「スーパーヤマト」の協力を得て、「買い物行動に関する調査」を企画いたしました。この調査は、経済産業省が平成２１年度「体系的な社会人基礎力育成・評価システム開発実証事業に係る委託事業」として愛知学泉大学経営学部が採択された事業の一環です。これは愛知学泉大学経営学部城田ゼミ（マーケティング研究）の学生に対して社会人基礎力を育成することを目的としています。
　そのために、この演習授業のため調査対象者に、ＮＴＴ西日本「個人名編」の電話帳（２００８年５月１日現在）のなかからくじ引きで無作為に２５０名を抽出いたしましたところ、あなた様を選ばしていただきました。
　つきましては、なにかとご多忙の折で恐縮ですが、何卒この調査にご協力賜わりますようお願いいたします。この調査は、あなた様のご家族で家事担当者がご記入くださいますようお願い申し上げます。
　調査票は無記名であり、このご回答内容は集計分析のためにのみ使用しますから、あなた様にご迷惑をおかけすることはありません。
　ご記入いただいた調査票は、同封いたしました返信用封筒（住所や氏名をお書きにならなくて結構です）で、１２月２８日までに投函してくださいますよう、お願いいたします。この調査による研究結果は、愛知学泉大学のＨＰ（http://www.gakusen.ac.jp/u/index.html）でも発表いたしますので、ご協力いただいたご家庭におかれましても閲覧くだされば、幸甚に存じます。

　以上、面倒なご依頼をいたしましたが、趣旨をご理解いただき何卒ご理解をたまわりますようお願い申し上げます。
　末筆ながら、貴家のますますご繁栄をお祈り申し上げます。

敬具

愛知学泉大学経営学部産学連携
社会人基礎力委員会　経営学部教授　城田吉孝

（問合せ先）
471-8532 豊田市大池町汐取１番地
愛知学泉大学　電話 ００００-００-００００（代表）

事例2．お買い物行動に関するアンケート調査

整理番号		

お買い物行動に関するアンケート調査
（平成21年12月実施）

お願い：このアンケート調査の記入は、お宅の<u>家事担当者の方</u>にお願いします。

問1．あなたは、日常のお買いものために何店くらいのスーパーマーケットを利用していますか。

＿＿＿＿＿＿＿＿＿店

問2．そのスーパーマーケットのなかで、一番距離が遠い店は、何メートルくらいありますか。

＿＿＿＿＿＿＿＿＿メートル

問3．あなたは、「スーパー・ヤマト」（東区大幸団地内）という店の名前を知っていますか。

　　1．知っている
　　2．知らない
　　　↓

> ＳＱ東区大幸団地内にありますがご存じありませんか
> 　　1．知っている　　2．知らない（問10へお進みください）

◇以下の質問（問4～問9）は前問で、「1．スーパー・ヤマトを知っている」と答えた方のみにお尋ねします。

問4．あなたが、「スーパー・ヤマト」へ行く頻度をお知らせください。
　1．毎日　　2．1週間に3～4回くらい　　3．1週間に1～2回くらい
　4．10日に1回くらい　　5．1ヶ月に1回くらい
　6．行ったことがない（→問10へお進みください）

問5．あなたが、「スーパー・ヤマト」に行き始めた動機（キッカケ）をお知らせください。
（いくつでも○印可）
　1．友達に誘われて　　2．友達から評判を聞いて　　3．折り込み広告を見て
　4．たまたまお店の近くをとおりかかって　　5．インターネットをみて
　6．携帯メールを見て　　　　　　　　　　7．家が、店の近くだから
　8．その他（　　　　　　　　　　　　）

問6.「スーパー・ヤマト」までの距離は、お宅からどれくらいですか。
　　　　　＿＿＿＿＿メートル

問7.「スーパー・ヤマト」まで行くための主な交通手段は何ですか。
　　１．　徒歩　　２．自転車　　３．車　　４．公共機関

問8.「スーパー・ヤマト」の魅力は何ですか。（いくつでも○印可）
　　１．新鮮な野菜や魚がある　２．肉が安い　３．肉が新鮮　４．全体的に値段が安い
　　５．店員の対応がよい　　　６．品揃えがよい　　　７．店の雰囲気が良い
　　８．その他（　　　　　　　　　　　　）
　　９．他のスーパーマーケットと変わらない

問9.「スーパー・ヤマト」について、何かご意見があればお聞かせください。

◇以下の質問には、全員がお答えください。

問１０．あなたが普段、お近くにある下記のスーパー・マーケットを利用していますか。
　　　　　　　　　　　　　　　　　　　　　　　　　　　（いくつでも○印可）
　　１．イオン　　　２．アピタ　　３．ヤマナカ　４．マックスバリュー
　　５．その他（　　　　　　　　　　　）

問１１．では、これらの利用しているスーパーマーケットについて、ご意見があればご記
　　　　入ください。
店名：（　　　　　　　　　　　）

店名：（　　　　　　　　　　　）

◇最後に、集計分析を行うために、あなたの性別と居住区をお知らせください。
　　　　　　　　　　　　　　　　（該当するところに○印をおつけ下さい）

性　　別	居　住　区
１．男　　２．女	１．砂田橋　２．大幸　３．宮の腰　４．茶屋が坂 ５．その他（　　　　　　　　　　　）

　　　　　　　　　ありがとうございました。
　　　　　　　　　　　１２月２８日までに投函してください。

事例3．来店者調査票

1．調査対象

①この調査対象は，名古屋市東区砂田橋1丁目～5丁目，大幸4丁目，大幸南2丁目，前波町，谷口町，清明山2丁目，宮の腰から系統抽出により250名を抽出し，平成21年12月郵送調査法で実施した（回収率41.2％）。

整理番号			

来 店 者 調 査 票
（平成20年12月16日実施）

Q1．あなたは、このスーパーへは一週間に何回くらい来ますか。
　　　Ａ．一週間に（　　　）回　　　Ｂ．（　　　）週間に一回くらい

Q2．ご自宅からの距離は、他のスーパーと比較してこの店が一番近いですか。
　　　Ａ．ここが一番近い　　Ｂ．もっと近いところに他のスーパーがある。

Q3．今日ここへはどんな乗り物で来ましたか。
　　　1．徒歩　　2．自転車　　3．自家用車　　4．バス・電車

Q4．普段、あなたが一番よく利用するスーパーはこの店ですか。それとも他の店ですか。
　　　1．この店　　2．他の店

Q5．ご自宅を出てからこの店まで何分くらいかかりましたか。
　　　　　（　　　）分

Q6．あなたのご自宅は、この地図の区分ではどの区画にありますか。
　　　　　（　　―　　）

Q7．(別表を示して) あなたがこの店で気に入っていることはなんですか。(いくつでも)
　　　1．2．3．4．5．6．7．8．9．10．
　　　11．12．13．14．15．（　　　　　　　　　　　　）

Q8．では逆に、この店に注文をつけるとすれば、どんな点ですか。(いくつでも)
　　　1．値段が高い　　2．新鮮な品を　　3．店員の接客態度の改善
　　　4．店の雰囲気の改善　　5．チラシなど広告をする
　　　6．店内の照明・もっと明るく　7．店内がやかましい　8．商品のはみ出し陳列
　　　9．その他（　　　　　　　　　　　）

面接者記入欄
　　性　別：1．男　　2．女
　　＊．1．～29　　2．30～　　3．50～

面　接　者

事例　179

```
1  品揃えが豊富だから        11  時間つぶしに寄るだけ
2  家から近いので            12  職場に近いので
3  新鮮な野菜や魚があるので  13  学校に近いので
4  肉が安くて新鮮だから      14  通勤・通学の途中にあるので
5  値段が安いので            15  その他（              ）
6  商品が選びやすいので
7  店員の態度がいいので
8  店の雰囲気がいいので
9  人気商品があるので
10 オリジナル商品があるので
```

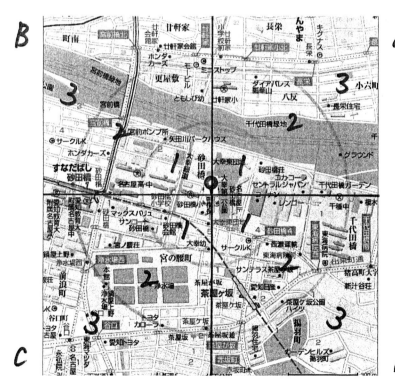

事例4．いなり寿司に関する調査企画

いなり寿司に関する調査企画書※

A．商品開発に必要な消費者の嗜好調査

1．調査目的
　いなり寿司の新製品開発のための資料を得ることを目的に実施する。
2．調査対象
　豊川市に在住する満20歳以上の男女個人とする。
3．標本数
　500名
4．標本抽出法
　選挙人名簿より無作為抽出する。
5．調査方法
　郵送調査によって実施する。
6．調査内容
　いなり寿司の食習慣と嗜好を中心に調査する。
7．調査費用
　1）標本抽出作業
　　・指導、管理　　　　　@15,300-*2日＝30,600-
　　・同上旅費　　　　　　（三好ヶ丘から豊川、2日*1名）
　　・抽出作業　　　　　　@8,200-*2日*3名＝49,200-
　　・同上旅費　　　　　　（三好ヶ丘から豊川、2日*3名）
　2）調査票郵送作業
　　・調査票作成費用　@15,300-*3日*2名＝91,800-
　　・指導、管理　　　　@15,300-*2日＝30,600-
　　・宛名書き作業　　　@8,200-*2日*3名＝49,200-
　　・発送作業　　　　　@8,200-*2日*3名＝49,200-
　　・郵送費　　送料　　@90-*500通＝45,000-
　　　　　　　　返信料　@80-*500通＝40,000-
　3）集計分析作業
　　・分析作業　　　　　@15,300-*3日*2名＝91,800-
　　・指導、管理　　　　@15,300-*5日＝76,500-
　　・集計作業　　　　　@8,200-*5日*1名＝41,000-
　4）調査報告書作成作業
　　　　　　　　　　　　@15,300-*10日＝153,000-
　　　印刷製本費　　　　@697-*100部＝69,700-　　　　　合計　897,000-
　5）消耗品費用
　　・コピー用紙（A4、3,000枚）：アンケート用紙および分析用
　　・封筒（1,000枚）：発送用および返信用
　　・鉛筆（1ダース）：集計分析用など
　　・ボールペン（1ダース）：宛名書き用
　　・のり（5本）：発送用の封筒に使用

※本企画案作成にあたっては，大脇錠一先生の作成，アドバイスを受けた。

索 引

《英字》

AIDMAモデル …………………… 92
POP広告 …………………………102
PR（public relation） ………… 96・97
RDD法 ……………………………138
SWOT …………………………… 21

《ア》

因果分析 …………………………125
インターネット調査 ……………138
インターネット調査と標本調査の違い
　……………………………………139
インテリジェンス ………………108

《カ》

開放的チャネル ………………… 87
価格 ……………………………… 70
価格差別決定法 ………………… 75
価格政策 …………………………128
慣習価格政策 …………………… 82
管理型チャネル ………………… 89
企業型チャネル ………………… 88
企業広報 ………………………… 96
企業戦略 ………………………… 19
企業のミクロ環境 ……………… 19
記述分析 …………………………125
行政広報 ………………………… 96
競争市場戦略 …………………… 18
契約型チャネル ………………… 88
現行市場による価格決定法 …… 76
広告 ……………………………… 94
広告に求められる条件 ………… 93
広告媒体 …………………………101
交通広告 …………………………102

広報 ……………………………… 96
広報の役割 ……………………… 96
個人情報保護法 …………………164
コストのリーダーシップ戦略 … 29
コスト・プラス法 ……………… 72
個別ブランド戦略 ……………… 66

《サ》

再販売価格維持契約 …………… 88
再販売価格維持政策 …………… 82
サービスのマーケティング・ミックス … 40
差別化戦略 ……………………… 29
市場浸透価格政策 ……………… 78
市場対応の科学 ………………… 18
市場調査 …………………………124
自由回答法 ………………………148
集合調査法 ………………………138
集中戦略 ………………………… 29
上層吸収価格設定 ……………… 77
商標 ……………………………… 45
商標法 …………………………… 45
情報 ………………………107・108
新聞折込広告 ……………………102
心理的価格決定法 ……………… 76
制裁パワー ……………………… 89
製品 ……………………………… 38
製品多様化マーケティング …… 22
製品ミックス …………………… 38
製品ライン ……………………… 38
セグメンテーション（市場細分化）… 23
全数調査 …………………………154
選択的チャネル ………………… 87
宣伝 ……………………………… 94

戦略的マーケティング	17	ブランド資産の配分戦略	65
戦略的マーケティングのプロセス	18	ブランド戦略	63
ソーシャル・マーケティング戦略	18	ブランド認知	60
損益分岐分析・目標利益価格決定法	73	ブランド変更	65

《タ》

第1次的資料	132	ブランド要素	58
第2次的資料	132	ブランド・リポジショニング	64
代理店・特約店	88	ブランド連想	60
ダイレクトメール	102	ブランド連想戦略	65
ターゲットマーケティング	22	プリコード回答法	148
多段式価格決定法	71	プル戦略	93
単一ブランド戦略	66	プロモーションに関する調査	128
知覚価値価格決定法	75	報酬パワー	89
調査報告書の内容	160	ボランタリーチェーン	89
データ	107・108	ポジショニング	25

《マ》

テリトリー制	88	マーク・アップ法	73
電話法	137	マクロ環境	20
取引総数最小化の原理	87	マーケティング・インテリジェンス	106・107・108

《ナ》

二次的な連想の活用	60	マーケティング戦略	15
ノベルティー	102	マーケティング適用領域の拡大	10

《ハ》

排他的チャネル	87	マーケティング・プログラムの開発	58
パブリシティ	95	マーケティング・マネジメント	13
販売会社	89	マーケティング・マネジメント戦略	18
標本調査	154	マーケティング・ミックスの構成要素	26
封印入札による価格決定法	76	マーケティングリサーチ	124・125
不確実性プールの原理	87	マーケティング・リサーチ	22
複合ブランド戦略	66	マーケティングリサーチの欠陥	119
プッシュ戦略	92	マーケティングリサーチの発展段階	115
フランチャイズチェーン	89	マス・マーケティング	22
ブランド・エクイティ	52	マネジリアル・マーケティング	15
ブランド階層	60	ミステリーショッパー調査	130
ブランド開発	64	無作為抽出法	155
ブランド拡張戦略	65	メガブランド戦略	65
ブランド強化	64	面接法	137
ブランド・グルーピング戦略	65		

《ヤ》

屋外広告	102
有意抽出法	154
郵送法	137

《ラ》

リサーチャーの心構え	
流通チャネル	85
論理分析	125

【付記】

本書の各章と既存発表論文との対応関係は下記の通りである。収録に当たっては加筆・修正を行ったものもあるが，基本的な論旨は変えていない。掲載については論文名と書名を付記してご了解を得たい。

第1章　マーケティングの概念と役割

　　　拙著『マーケティング管理論』中部日本教育文化会　1995年9月　第1章。

第2章　マーケティング戦略

　　　宮澤永光・城田吉孝・江尻行男編『現代マーケティング』ナカニシヤ出版　2009年5月　第Ⅱ章マーケティング戦略。

第3章　製品情報（未発表）

第4章　ブランド情報

　　　加藤勇夫・寳多國弘・尾碕眞編『現代のマーケティング』ナカニシヤ出版　2006年8月　第4章ブランド価値とマーケティング。

第5章　価格情報

　　　中村孝之　小堀雅浩　田口冬樹　松木繁義　石居正雄　城田吉孝　長谷川博　三浦康彦　有馬賢治　浅野清彦　加藤勇夫　寳多国弘『マーケティング論』商学研究社　1994年4月　第6章。

第6章　チャネル情報

　　　加藤勇夫・城田吉孝・石居正雄・上田喜博・大浜慶和・岡本純『現代マーケティング戦略論』中部日本教育文化会　2005年4月　第5章マーケティングチャネル。

第7章　プロモーション

　　　産業経済研究第3号　2003年3月　日本産業経済学会「マーケティング・コミュニケーション」

第8章　マーケティング情報

　　　加藤勇夫・城田吉孝・石居正雄・上田喜博・大浜慶和・岡本純『現代マーケティング戦略論』中部日本教育文化会　2005年4月　第2章マーケティングリサーチ。

第9章 マーケティングリサーチの意義と役割
　　　大脇錠一・城田吉孝・河邊匡一郎・玉木徹志編『新マーケティング情報論』ナカニシヤ出版　2003年4月　第Ⅱ章・Ⅰ。
第10章 マーケティンリサーチの範囲と手順
　　　西田安慶・城田吉孝編『マーケティング戦略論』学文社　2011年4月　第2章第2節。
第11章 マーケティングリサーチの方法
　　　西田安慶・城田吉孝編『マーケティング戦略論』学文社　2011年4月　第2章第4節マーケティングリサーチの方法
第12章 調査票の設計（未発表）
第13章 標本調査
　　　大脇錠一・城田吉孝・河邊匡一郎・玉木徹志編『新マーケティング情報論』ナカニシヤ出版　2003年4月　第Ⅱ章5
第14章 データ分析と調査結果の報告
　　　大脇錠一・城田吉孝・河邊匡一郎・玉木徹志編『新マーケティング情報論』ナカニシヤ出版　2003年4月　第Ⅱ章6
第15章 マーケティングリサーチの課題
　　　中部経済新聞　2013年（平成25年3月1日）「マーケティングリサーチ：データ収集の課題」。

あとがき

　本書『ポイント　マーケティング情報論』は3部構成：（1）マーケティング論の基礎，（2）マーケティングミックス，（3）マーケティングリサーチで構成されていることは「はしがき」でふれた。ここでは，3部でマーケティングリサーチをもうけた経緯の一端を述べておきたい。

　私がマーケティング論や流通政策，流通経済，商学総論を担当するようになったのは，1992年4月静岡県焼津市に開学した静岡精華短期大学商学科からである。

　市場調査の機会を与えてくださったのが焼津市の商業担当者であった。当時焼津市は商業振興策策定に向けて商店街問題に取り組んでいた。若い学生の意見を聞きたいとの話があり，マーケティング演習を担当していた私に協力を求められたのがそもそものご縁であった。その際，学生に渡したアンケート「若者（短大女性）アンケート1」と『「商店街のイメージ調査」　　　　商店街』を見るとその当時としては盛りだくさんの項目であったように思う。そのアンケート調査をもとに学生，行政，商店経営者との懇談をもった。静岡新聞1997年1月24日朝刊に「焼津の商店街振興策　女子学生が足で調査」と掲載された。

　それから，多くのまちづくりや商店街問題に係らしていただいた。市場調査や商店街問題は学生にとっては学びの場であった。その後，名古屋文理大学情報文化学部開設で移籍してから愛知県祖父江町での「まちづくり委員会」の委員長を務めた。国府宮商店街の評価でもゼミ生が活躍したことが2001年6月8日中日新聞朝刊に「国府宮商店街を大学生が採点」と紹介された。また街の活性化に役立てようとゼミ生と「ぎんなんラーメン」を大学祭で売り出した。これは朝日新聞2004年10月30日朝刊「名産利用『ぎんなんラーメン』」で紹介された。そして，愛知学泉大学経営学部では「平成21年度　体系的な社会人基礎力育成・評価システム開発・実証事業」（経済産業省）に参画して株式会社ヤマトグループと産学連携にマーケティングゼミ生による「スーパー店舗の売り上げ増進の提案」の課題に取り組んだ。その際のアンケートは本書巻末の事例1「買い物行動に関する調査」，事例2「お買い物行動に関するアンケート調査」，事例3「来店者調査票」これらは中部経済新聞2010年6月16日「教育にイノベーションを」安城学園100年の歴史と展望に記されている。

主な市場調査の活動を紹介したが，マーケティングは学生の問題解決に役立ったと思っている。課題に取り組むときは面倒がったこともあったが成果を報告するときは生き生きしていたように思う。
　マーケティングやマーケティングリサーチ・市場調査を通じての教育は現実の消費者行動や社会現象の理解，アンケート調査票作成にあたり目的や知りたいことを整理するブレーストーミングやKJ法の活用により一層磨かれるように思う。
　本書がこれからマーケティングを学ぶ大学生や実務家の方々に些かでも役に立てば，筆者の望外な喜びである。
　最後に，本書のために序文を寄せていただいた立教大学教授　有馬賢治先生に謝意を表します。
　また，はじめにでも述べましたが十分に意を尽くさない点もありますが，今後の改定を重ねることでお許しを願い存じます。

＊アイデア発想法：アイデアの発想法は，①発散技法（発散思考を用いて事実やアイデアをだすための思考法）と②収束技法（発散思考で出した事実やアイデアをまとめあげる技法）に分けることができる。発散技法にはブレーンストーミング（brain storming）のような自由連想法がある。収束技法では，類似のデータを集め新分類を作る帰納的なKJ法がある（林英夫・上笹恒・種子田實・加藤五郎編『体系マーケティングリサーチ事典』同友館2000年　p78）。

2015年10月1日
城田吉孝

著者
城田 吉孝

　三重県桑名市に生まれる。
　愛知学院大学大学院商学研究科博士課程単位取得満期退学
　静岡精華短期大学商学科を振り出しに、名古屋文理大学情報文化学部教授
　愛知学泉大学経営学部教授　東京福祉大学社会福祉学部教授として勤務し
　現在東京福祉大学社会福祉学部非常勤講師。

所属学会
　日本経営学会　日本経営行動研究学会　日本産業経済学会　日本企業経営学会
　日本看護福祉学会

専攻
　マーケティング論　流通論　経営学

主な著書
単著
　『商業の理論と実際』富士社会経済調査会　1994年
　『マーケティング管理論』中部日本教育文化会　1995年
　『流通政策』中部日本教育文化会　1996年
　『現代の流通経済』中部日本教育文化会　1997年
共著
　『現代日本の産業別マーケティング』尾碕　眞・岩永忠康・岡田千尋編
　　ナカニシヤ出版　1998年
　『日本の流通システム』安部文彦・森泰一郎・岩永忠康　ナカニシヤ出版　1999年
　『現代商業政策論』田中由多加編　創成社　2000年
　『基本マーケティング用語辞典』出牛正芳編　白桃書房　2004年
　『現代のマーケティング論』加藤勇夫・寶多國弘・尾碕眞編　ナカニシヤ出版　2006年
　『流通と消費者』岩永忠康・佐々木保幸編　慶応義塾大学出版会　2008年
　『新 企業統治論』菊池敏夫・櫻井克彦編　税務経理協会　2021年
共編著
　『現代商学』西田安慶・城田吉孝編　税務経理協会　2003年
　『新マーケティング情報論』大脇錠一・城田吉孝・河邊匡一郎・玉木徹志編
　　ナカニシヤ出版　2006年
　『現代商業の課題と展開』寶多國弘・浅岡敏行・城田吉孝・尾碕眞編
　　ナカニシヤ出版　2007年
　『現代マーケティング　その基礎と展開』宮澤永光・城田吉孝・江尻行男編
　　ナカニシヤ出版　2009年
　『マーケティング戦略論』西田安慶・城田吉孝編　学文社　2011年
　『現代の経営学』菊池敏夫・櫻井克彦・田尾雅夫　城田吉孝編　税務経理協会　2018年

ポイント マーケティング情報論	定価：2,000円（税込）

2015年11月2日　初版発行
2016年3月2日　第2刷発行
2016年8月31日　第3刷発行
2022年8月26日　第4刷発行

著 者　城　田　吉　孝

発行所　㈱中部日本教育文化会

〒465-0088
名古屋市名東区名東本町177
TEL　052-782-2323
FAX　052-782-8172

ⒸY.SHIROTA 2015, Printed in Japan
ISBN978-4-88521-899-6